HISTOIRE
DE
PONT-NEUF

PARIS. — IMPRIMÉ CHEZ BONAVENTURE ET DUCESSOIS
55, quai des Augustins.

LE PONT-NEUF EN 1744.

Tiré du Cabinet de M. E. Dentu. Voir la 2e partie, page 436 note.

HISTOIRE

DU

PONT-NEUF

PAR

ÉDOUARD FOURNIER

PARIS

E. DENTU, ÉDITEUR

LIBRAIRE DE LA SOCIÉTÉ DES GENS DE LETTRES

Palais-Royal, 13 et 17, galerie d'Orléans.

1862

Tous droits réservés.

HISTOIRE
DU PONT-NEUF

INTRODUCTION

Les *Pontifes,* premiers constructeurs de ponts. — Les ponts du Diable. — La légende du Chat. — Les premiers ponts de bois de Lutèce.—Quand et pourquoi brûlés.—Comment ils étaient où se trouvent le pont Notre-Dame et le Petit-Pont, et non à la place du Pont-au-Change et du pont Saint-Michel. — Frédégonde et Leudaste. — Comment celui-ci est pris sur le pont de bois.—Son supplice.—Talisman de Paris contre les incendies et les rats.—Le crocodile vivant du Palais de Justice.—L'expédition d'Égypte prédite il y a trois cents ans.— Invasions normandes. — Le pont de Charles le Chauve. — Comment il se trouvait près de l'endroit où l'on a bâti le *Pont-Neuf.* — Siége de Paris par les Normands. — Le *For-l'Évêque.*—Débris trouvés en 1731.—Les barques normandes de l'île des Cygnes.

La première *franc-maçonnerie* fut celle des bâtisseurs de ponts. Leur industrie, sanctifiée par son utilité même, s'alliait toujours d'abord à la religion avec laquelle elle confondait ses rites mystérieux, et elle devenait ainsi une sorte de sacerdoce. Cela est si vrai que le mot *pontife*, qui, dans son acception actuelle, n'a plus qu'un sens religieux, commença par désigner seulement ces antiques bâtisseurs. Varron est formel sur ce point [1]; suivant lui, le fameux pont bâti par Ancus au pied du mont Aventin et qui devait son nom de *pons Sublicius* aux pieux de bois (*sublices*, en langue volsque) sur lesquels il reposait, avait été la première œuvre de ces dévots constructeurs, de ces *pontifes* romains. Leur corporation, devenue un collége de prêtres, en resta la gardienne; elle fut chargée de son entretien et de ses réparations, auxquelles elle procédait chaque fois avec des rites singuliers, *non mediocri ritu*, comme dit encore Varron.

Le moyen âge hérita de ces usages antiques. Il voulut faire aussi une chose sainte de la construction des ponts. Le paganisme avait eu ses *pontifices;* le christianisme, pour ne pas être en reste avec lui dans la consé-

---

[1] *De linguâ latinâ*, lib. IV, cap. xv.

cration de l'utile industrie, eut toute une confrérie de moines institués exprès sous le nom de *frères pontifes* (*fratres pontifici*) [1].

Un jeune pâtre du Vivarais, canonisé plus tard sous le nom de saint Benezet, avait été leur premier chef [2]. C'est à sa suite qu'ils avaient commencé de parcourir la France, vêtus d'un long habit blanc, sur lequel se voyait brodé un pont en laine de couleur ; c'est avec lui, qu'après avoir longé la plupart de nos grands fleuves, ils s'arrêtèrent à Avignon, et y construisirent ce pont si fameux dans la légende populaire [3]. Eux aussi, comme les *pontifes* antiques, quand un pont était achevé, ils laissaient à sa garde une partie des leurs, qui, s'établissant dans un hospice bâti à la tête même du pont [4], s'engageaient non-seulement à tenir en bon état

---

[1] *V.* Les *Recherches historiques sur les Congrégations hospitalières des Frères Pontifes ou constructeurs des Ponts,* par l'abbé Grégoire ; 1818, in-8°.

[2] *V.* L'*Histoire de saint Benezet,* par Magne Agricol ; Aix, in-12.

[3] Ce sont eux aussi qui bâtirent le pont Saint-Esprit. (D. Vaissette, *Histoire générale du Languedoc,* première édition, t. III, ch. xix, p. 46.)

[4] Héliot, *Ordres religieux,* t. II, ch. xlii.—Bouché, *Histoire de Provence,* in-fol., t. II, p. 163.

leur propre construction, mais aussi à réparer les routes voisines, bien plus même, à prêter main-forte aux voyageurs attaqués, et à leur donner un abri dans leur auberge-hospice [1]. L'admirable zèle de ce christianisme actif, dont les frères de la laborieuse confrérie étaient les ministres, ne s'arrêtait pas là. Non content d'avoir trouvé les ouvriers pour ces grands travaux, il voulait trouver encore, et toujours par l'aide seule de ses prêtres, l'argent nécessaire à leur achèvement. « On peut voir dans les écrits de Pierre le Chantre, dit M. Ch. Magnin [2], et dans ceux de Robert de Flamesbourg, pénitencier à l'abbaye de Saint-Victor, à Paris, que les confesseurs étaient autorisés à imposer, comme surcroît de pénitence, une aumône pour l'établissement des ponts et bacs et pour l'ouverture et l'entretien des routes [3]. »

Les ponts qui n'avaient pas les *frères pontifes* pour bâtisseurs, ou dont la construction n'avait point eu d'avance la sanctification de

---

[1] *V.* notre *Histoire des Hôtelleries et Cabarets*, t. Ier, p. 320.

[2] *Revue des Deux-Mondes*, 15 juillet 1832.

[3] *V.* aussi Chateaubriand, *Génie du Christianisme*, liv. IV, ch. III.

ces aumônes de la pénitence, étaient souvent regardés par le peuple comme des ponts maudits. C'était, disait-on, l'œuvre du diable ou celle des enchanteurs, ses suppôts.

Tous avaient leur légende, presque partout la même, et dans laquelle le diable jouait le rôle principal. Par exemple, à Bonnecombe, près Rhodez, aussi bien qu'à Saint-Cloud[1], à Beaugency et en d'autres lieux encore où la construction du pont était attribuée au même infernal architecte, on disait tout bas ce conte que nous donnerons ici d'après le récit de Monteil en son *Histoire des Français des divers états*[2]. Il suit la tradition de Bonnecombe, qu'il avait, dit-il, recueillie lui-même sur les lieux : « Le maire..., qui n'était pas sorcier, mais que les sorciers avaient engagé à entrer en négociation avec le diable, convint avec lui qu'aussitôt qu'il aurait terminé ce pont, dont la commune avait grand besoin, il lui donnerait la première créature qui passerait dessus. C'était un homme fin que ce maire, comme vous allez voir. Le jour convenu,

[1] Lebeuf, *Histoire du diocèse de Paris,* article SAINT-CLOUD.
[2] Ire édit., t. II, p. 491, 499.

loin d'aller se cacher dans un monastère, il se présenta hardiment le premier, au grand effroi de tout le peuple, devant l'entrée du pont ; mais il lâcha un chat qu'il avait dans sa large manche. Le diable s'en alla tout honteux, tout confus, tirant le chat par la queue et faisant la plus laide grimace. »

Tout ce qui précède, même dans ses détails païens ou légendaires, n'est pas, pour ce qui nous reste à dire, un préliminaire inutile. A plus d'une page, nous trouverons des traces de ce passé, dont les traditions remontent jusqu'aux temps antiques.

Dans l'institution du collége des *pontifes* romains, par exemple, dans celle des *frères pontifes,* qui lui succéda avec un but plus philanthropique encore et plus pieux, est l'origine évidente, certaine, et déjà constatée d'ailleurs [1], du corps des ponts et chaussées, qui n'a d'existence légale que depuis 1739, époque où MM. de Trudaine et Perronet lui donnèrent une organisation complétée en 1804, mais qui date, en réalité, de l'année 1519, où la confrérie des *frères pontifes,* se sécularisant, devint, de corps religieux qu'elle

---

[1] *Magasin pittoresque,* t. IX, p. 278.

était, une corporation civile. Dans la partie toute légendaire, nous trouverons encore plus d'un fait auquel nous prendre. Nous aurons même occasion d'y revenir, comme on le verra tout à l'heure, à propos du premier pont de bois qui fut construit à Paris, et qui, mentionné par Julien dans son *Misopogon,* est sans doute le même dont Grégoire de Tours nous parlera plus d'une fois.

Lutèce, on le sait, n'était qu'une île de la Seine, celle que nous appelons encore l'île de la Cité. Un double pont la rattachant aux deux rives du fleuve devait donc être pour les habitants de la bourgade la première chose à établir. Il est vrai qu'ils étaient avant tout navigateurs, *nautes,* comme on les appelait, et que, vivant plutôt sur leurs barques que dans leurs cabanes, il leur importait assez peu de pouvoir aller de plain-pied de leur île sur le bord opposé. Deux coups de rames leur suffisaient pour cela, et ils durent, je pense, s'en tenir longtemps à ce moyen de communication. La bourgade pourtant ne pouvait rester éternellement circonscrite dans le chétif îlot; la population s'accroissant devait chercher à s'épandre sur les deux rives, où Lutèce agrandie avait une place marquée pour ses faubourgs ; force était alors d'établir des ponts pour unir entre elles les diverses portions de la ville. C'est ce qui arriva.

Au temps où César vint dans les Gaules, il en était déjà ainsi. Lutèce avait ses deux ponts, l'un reliant l'île à la rive droite, l'autre à la rive gauche. Il est inutile de dire qu'ils étaient de construction grossière et faits seulement de bois. Ils n'en furent que plus facilement rompus, quand Labienus, lieutenant de César, menaçant Lutèce avec ses légions, les habitants se renfermèrent dans l'île comme dans un fort, dont les deux bras de la Seine auraient été les fossés.

D'abord les Romains n'avaient pu tenter une attaque ; ils avaient reculé devant la belle contenance des bandes gauloises, commandées par l'aulerke Camulogène, et, s'arrachant à grand'peine des marais qui s'étendaient entre la montagne Sainte-Geneviève et Ivry[1], ils s'étaient repliés sur Melun. C'était pour

---

[1] C'est l'opinion émise par M. de Saulcy (*Revue contemporaine*, 15 avril 1858). Nous prouverons en détail qu'elle est la seule bonne, dans le premier volume de notre grande *Histoire de Paris*, aujourd'hui en préparation chez MM. Firmin Didot.

revenir bientôt avec plus de résolution et un plan d'attaque mieux concerté. Cette fois, bien que Lutèce fût remplie de soldats, on ne songea point à résister.

A la vue même des troupes romaines arrêtées sur le bord du fleuve, on mit le feu aux maisons de bois de la bourgade [1], on coupa les ponts, et pendant que l'île se changeait en un vaste cratère, les habitants se jetaient dans leurs barques et gagnaient la rive opposée à celle d'où les Romains contemplaient cet effrayant spectacle. L'immense terrain, plaine et marécage, qui s'étend du val de la Bièvre jusqu'à Meudon, fut couvert de ces fugitifs, les uns cherchant à se cacher, les autres attendant les Romains et s'apprêtant à combattre. Labienus ne tarda pas à arriver. Il avait passé la Seine à la hauteur de Sèvres [2]. Lançant sa cavalerie sur toutes ces bandes disséminées, il en eut bientôt raison par un horrible massacre. Il y eut des combats dans tout ce vaste espace; mais le plus sanglant, véritable bataille qui

---

[1] *Commentaires de César,* liv. VII, ch. LVIII.

[2] Le passage dut se faire, suivant M. de Saulcy, près de la pointe en aval de l'île Séguin.

vit mourir Camulogène, dut avoir lieu dans la plaine de Grenelle.

Lutèce, tombée cité gauloise, se releva ville romaine. Au lieu de huttes entassées pêle-mêle, elle eut des maisons, des édifices, des palais. Elle eut aussi des ponts, mais en bois, comme les premiers. Julien, racontant le séjour qu'il y fit, n'oublie pas ce dernier détail : « Je passai, dit-il [1], l'hiver dans ma chère Lutèce (c'est le nom que les Gaulois donnent à la ville des Parisiens). Elle est située dans une petite île, où l'on n'entre que par deux ponts de bois, etc... »

Où ces deux ponts étaient-ils placés ? Tout le monde fut longtemps d'avis que l'un se trouvait à la place du Pont-au-Change, l'autre à celle du Petit-Pont. On alla même plus loin : on pensa que le grand et le petit Châtelets étaient déjà construits pour défendre les abords de ces ponts romains, comme ils défendirent plus tard l'un la tête du Pont-au-Change, l'autre celle du Petit-Pont : « Aucuns tiennent, dit le vieux Gilles Corrozet [2], que le

---

[1] Le *Misopogon*, dans les *Œuvres* de Julien, traduction de Tourlet, t. II, p. 374-375. — Toussaint Duplessis, *Nouvelles Annales de Paris*, p. 26.

[2] *Antiquités de Paris,* 1550, in-8°, fol. 12 verso.

grand Châtelet est un des esdifices de César, lequel il fist esdifier pour fermer la Cité au bout du pont, et que c'est la première porte de Paris à laquelle on payoit le tribut des ports et passages, comme on faict encore de présent, au lieu qu'on appelle le Treillis audict Châtelet; et sont encore aucuns vivants qui disent avoir veu escrit sur ledict treillis : *Ici se payoit le tribut à César.* »

Aujourd'hui, grâce à des fouilles récentes, qui ont permis de retrouver les restes des substructions de l'un de ces ponts gallo-romains[1], une opinion différente a prévalu. Ce n'est plus sur l'emplacement du Pont-au-Change d'un côté et du pont Saint-Michel de l'autre, qu'on doit placer les deux ponts antiques. Il faut se les figurer à l'endroit où se trouvent le pont Notre-Dame et le Petit-Pont, et chercher par conséquent dans la ligne suivie par la rue Saint-Martin, et non plus dans celle que décrit la rue Saint-Denis, le tracé de l'antique voie, qui enjambant ces deux ponts et traversant la cité, conduisait aux deux fau-

---

[1] Cette découverte est due à M. Vacquer. *V.* une lettre, qu'il écrivit à ce sujet, et un excellent article de M. Ad. Berty, dans la *Revue archéologique,* t. XII, p. 203, 502-507.

bourgs de Lutèce, celui du Nord et celui du Midi. On va voir que dans l'épisode dont nous avons maintenant à parler, cette position complétement nouvelle donnée aux deux ponts est tout à fait nécessaire à l'intelligence des faits.

Jusqu'aux temps mérovingiens, les ponts de bois furent conservés, mais sans qu'on en prît soin. On laissait, sans les réparer, les poutres de leur tablier se pourrir par les longues pluies, et, après les débâcles dont les glaçons étonnèrent tant Julien, qui les compare à des blocs de marbre charriés par la rivière, on ne cherchait pas à consolider leurs piles ébranlées. Qu'on juge par là du mauvais état de ces passages et du danger qu'il y avait à se hasarder sur leur plancher vermoulu. Ce qui arriva à Leudaste, comte de Tours, en est la preuve [1].

Il avait encouru la haine de Frédégonde ; mais, se fiant aux bontés que Chilpérick avait toujours eues pour lui, et qui lui semblaient une défense suffisante contre la vengeance de l'implacable reine, il ne craignit pas de venir à Paris, au temps même où Frédégonde et son époux y faisaient séjour.

Là, l'envie lui prit de faire sa paix avec

[1] Grégoire de Tours, liv. VI.

la reine, et tout résolûment il entra dans l'église où elle entendait la messe avec Chilpérick. La présence du comte lui sembla une bravade, et, malgré l'humilité sincère ou fausse de cet homme s'agenouillant devant elle pour implorer son pardon, malgré le ton suppliant de ses paroles, elle ne put répondre que par une menace. Bravée dans sa haine, elle fit appel à tous ceux de ses leudes armés qui se trouvaient là, et dont le premier devoir était de venger son insulte. Elle parla avec une telle autorité, que Chilpérick n'osa pas hasarder un mot pour défendre son ancien protégé. Leudaste était perdu; la sainteté du lieu où il se trouvait avait seule empêché qu'on ne le massacrât sur la place.

L'église était un asile que le désir même de plaire à Frédégonde n'aurait pas fait violer à ces barbares. Ils laissèrent sortir Leudaste sans le poursuivre. Le comte de Tours pouvait donc encore s'échapper; mais, poussé par je ne sais quel vertige, il trouva cette fuite indigne de lui. Il était sur la place qui séparait l'église du palais et à laquelle les deux ponts venaient aboutir[1]. Au lieu de se

[1] Ce qui se comprend, si l'on admet l'emplacement

hâter dans l'une ou l'autre de ces deux directions, et de gagner par là, soit la porte du Nord, soit celle du Midi, il se mit à marchander de menus objets aux étalages des boutiques de bois qui bordaient la place. On eût dit qu'il attendait, pour la braver encore, que Frédégonde sortît de l'église. La messe finie, la reine sort en effet ; mais les premiers gardes de son cortége aperçoivent Leudaste et l'entourent. Il renverse d'un coup d'épée celui qui le serre de plus près, lutte quelque temps avec les autres, qui le blessent grièvement à la tête, et c'est seulement alors qu'il se décide à fuir ; il gagne, toujours poursuivi, le pont qui mène à la porte du Sud.

Ici nous laisserons parler M. Augustin Thierry[1], dont nous avons dû, jusqu'à présent, abréger le récit :

« Ce pont, dit-il, d'après Grégoire de Tours, était de bois, et son état de dégradation accusait ou le dépérissement de l'autorité mu-

---

indiqué tout à l'heure, et ne se comprend plus, si l'on se figure ces deux ponts, suivant l'opinion commune, à l'endroit où furent bâtis le Pont-au-Change et le pont Saint-Michel.

[1] *Récits des temps mérovingiens*, Hist. de Leudaste, *ad fin.*

nicipale, ou les exactions et les rapines du fisc royal. Il y avait des endroits où les planches pourries de vétusté laissaient un espace vide entre les solives de la charpente, et obligeaient les passants à marcher avec précaution. Serré de près dans sa fuite, et forcé de traverser le pont à pleine course, Leudaste n'eut pas le loisir d'éviter les mauvais pas ; l'un de ses pieds, passant entre deux poutres mal jointes, s'y engagea de telle sorte qu'il fut jeté à la renverse, et qu'en tombant il se cassa la jambe. » Son supplice ne se fit pas attendre.

« Le moribond, dit M. Thierry, toujours d'après Grégoire de Tours, fut arraché de son lit et étendu sur le pavé, la nuque du cou appuyée contre une énorme barre de fer, puis un homme, armé d'une autre barre, l'en frappa sur la gorge, et répéta ses coups jusqu'à ce qu'il eût rendu le dernier soupir. »

Les détails de ce curieux épisode sont tous intéressants pour nous, en ce qu'ils nous permettent de préciser exactement quel était l'aspect du plus beau quartier de Paris à l'époque mérovingienne. Adrien de Valois [1], basant son observation d'érudit sur les

[1] *Valesiana*, p. 52-53.

mêmes faits, s'en était occupé avant nous ; mais, par une fausse interprétation du texte de Grégoire de Tours, il s'était assez gravement trompé. Au lieu de voir sur le parvis même de l'église les boutiques où marchande Leudaste, il les cherche sur le pont de bois, et il est ainsi amené à dire que, « sur ce pont étaient déjà bâties, dès ce temps-là, des maisons de marchands. On l'appelle continue-t-il, compliquant son opinion d'une seconde erreur, on l'appelle aujourd'hui le Petit-Pont, pour le distinguer du grand, c'est-à-dire du Pont-au-Change ou des Changeurs, sur lequel il y avait aussi des maisons de bois qui avançaient ou sur l'eau ou sur le passage. »

Si Adrien de Valois n'est pas d'accord sur ce point avec le texte de Grégoire de Tours dont il s'autorise pourtant, il a du moins pour lui un passage très-explicite de la *Vie de saint Lubin* [1], où il est positivement parlé des maisons bâties sur le grand pont, « celui qui est du côté de Saint-Laurent, » dit la légende. On y trouve raconté longuement un incendie qui dévora la plupart de ces maisons, et qui même eût gagné celles qui se

___
[1] *Bollandistes*, Mars, t. II, p. 353.

voyaient sur le bord du fleuve, si le saint n'était venu fort à propos conjurer le danger par un miracle. Or, quand tout cela se passe-t-il ? Sous Childebert, c'est-à-dire plusieurs années avant ce que Grégoire de Tours nous a raconté tout à l'heure. Il n'en faudrait pas davantage pour donner pleine raison à Adrien de Valois, et pour nous faire accuser nous-même d'une erreur historique, dont au reste M. Augustin Thierry partagerait le tort avec nous ; par bonheur, la légende qui justifie l'opinion d'Adrien de Valois ne peut, toute sainte qu'elle est, passer pour une autorité sérieuse, tandis que le récit de Grégoire de Tours, pour lequel nous tenons, en est une véritable.

Un autre passage du même historien [1], relatif au premier incendie qui désola Paris, et dont il place la date non pas sous Childebert, mais, plus tard, sous Chilpérick, arrive comme dernière preuve des allégations mensongères de l'agiographe. Ce fait étant encore de notre domaine, ainsi qu'on va le voir, nous nous y arrêterons.

Paris, depuis César, n'avait pas souffert des

---

[1] Grégoire de Tours, liv. VII ch. XXXIII.

ravages du feu, lorsqu'une femme, se disant inspirée, et déclarant ce qui lui avait été révélé par un songe, annonça pour un temps prochain les ravages du terrible fléau. En effet, à peu de jours de là, par l'imprudence d'un homme qui avait laissé une lumière près d'une tonne d'huile, une maison s'embrasa. Elle se trouvait dans l'île même de la Cité, et était la plus voisine de la porte du Sud. La flamme gagna de proche en proche, et l'île tout entière fut bientôt en feu. On eût pu se croire revenu au jour le plus néfaste de l'invasion romaine. Arrivé jusqu'aux murs d'un oratoire de saint Martin, l'incendie s'arrêta enfin, mais, de l'autre côté, il sévissait toujours. « Il dévora tout avec tant de violence, dit Grégoire de Tours, qu'il ne fut arrêté que par le fleuve. »

C'est la première fois, nous l'avons dit déjà d'après le même historien, que Paris était en proie à de pareils ravages. Jusqu'alors, un talisman l'en avait préservé, talisman placé sous le grand pont, et dont l'incurie de quelques ouvriers avait un jour privé la ville. Le saint évêque, notre guide en tout ceci, s'explique ainsi sur cette croyance singulière, que, pour son compte, il se garde bien de mettre en doute : « On disait qu'anciennement, écrit-il, la ville avait été consacrée, afin qu'elle fût préservée d'incendies, et qu'on n'y vît ni serpents, ni loirs ; mais dernièrement, lorsqu'on nettoya l'égout (*cuniculus*) du pont, et qu'on en ôta la boue qui l'obstruait, on y trouva un serpent et un loir d'airain ; on les enleva, et dès lors se montrèrent des loirs sans nombre et des serpents, et la ville fut ensuite exposée aux incendies.[1] »

La croyance au talisman qui avait si longtemps préservé Paris de la flamme et des animaux venimeux, s'était répandue par toute la France et avait pénétré même jusqu'au fond du Dauphiné pour s'y doubler d'une autre légende. Aux environs de Grenoble est une commune qui a nom le Pariset, où se trouvent les débris d'une vieille tour appelée la *Tour-sans-Venin* ; or, ce qu'on ne croirait pas, c'est que dans ces deux noms est un souvenir de la vieille fable parisienne. La commune, dit-on dans le pays, s'appelle le Pariset parce que le paladin Roland, étant venu assiéger Grenoble, alors au pouvoir des Sarrasins, et voulant se bâtir un donjon qui ne fût pas sur terre ennemie, avait magiquement transporté de Paris le sol sur lequel devait s'élever sa tour. Elle fut construite en effet, et la vieille tradition veut que ses murailles aient toujours gardé quelque chose de la vertu du sol sur lequel elles sont assises. Tous les reptiles, tous les animaux venimeux qu'on porte encore dans son enceinte en ruines tombent, dit-on, frappés de mort[1]. C'est mieux qu'à Paris, même au temps où le serpent et le loir d'airain dormaient encore enfouis sous les piles du grand pont de bois.

Toutes les sortes de fléaux dont ces singuliers talismans étaient les préservatifs ne furent plus épargnées à la pauvre ville à partir de l'époque rappelée tout à l'heure par Grégoire de Tours. Ce n'est point qu'on ait vu jamais se renouveler à Paris les sept plaies d'Égypte; ce n'est pas même qu'on ait vu des serpents surgir de son sol; mais une fois on y trouva un crocodile, et cela tout près du lieu où gisait autrefois le fameux talisman. C'est dans les fondements mêmes du Palais, qu'il aurait été pris vivant. Ce fait étrange se rattache à une légende plus étrange encore, et il mérite bien que nous

[1] *La France littéraire,* oct. 1833, p. 297, article de M. Jules Ollivier.

nous y arrêtions, d'autant que le vainqueur des Pyramides s'est chargé de faire de la légende une merveilleuse prophétie. Voici donc ce que nous lisons dans un manuscrit de la fin du xve siècle, portant le titre de *Théâtre des plus belles villes du monde*[1] :

« On parle d'un crocodille (*sic*) pris tout vif dans les fondements du Palais, et dont on garde encore la dépouille dans la grande salle, lequel me faict croire l'oracle que les dieux ont souvent rendu à nos roys qu'ils iroient quelque jour dans le grand Kaire prendre le Nil prisonnier et asservir cette orgueilleuse monarchie qui tient depuis tant d'années les rênes d'un si vaste empire. » Cette fois la prophétie s'est trouvée être moins menteuse que le fait qui en était le prétexte. Si l'on doutait de la réalité du pronostic, nous renverrions au manuscrit cité plus haut; on l'y trouverait textuellement formulé.

L'incendie, le plus terrible des fléaux dont Paris cessait d'être préservé par la perte du serpent et du loir d'airain, devait, au temps du dernier empereur carlovingien, fondre,

---

[1] Bibliothèque impériale, n° 10,274. *5655 actuel.*

avec tous ses désastres, sur la malheureuse cité privée de son palladium.

C'était en 886, à l'époque des incursions normandes.

Cinq fois déjà les barques innombrables des hommes du Nord avaient remonté la Seine jusqu'à Paris. Le trésor de l'abbaye de Saint-Germain-des-Prés, et sept mille livres d'argent accordées comme tribut par Charles le Chauve, avaient été la proie de la première invasion. Les Barbares avaient voulu emporter en Danemark, comme trophée de leurs exploits, jusqu'à une poutre de l'abbaye dévastée, et jusqu'à une serrure des portes de la ville. Ces deux présents étranges furent offerts au roi Eric. La seconde fois, il n'y avait pas eu de pillage, mais une immense dévastation par la flamme. Quand Charles le Chauve avait vu brûler même son monastère de Saint-Denis, il avait cédé et payé un second tribut. Ces concessions, faites sans qu'il **y** eût eu pour ainsi dire de résistance tentée, n'étaient qu'un appât de plus pour des invasions nouvelles; elles ne s'étaient point fait attendre. En 861, on avait revu les Normands. Le jour même de Pâques, pendant que l'on chantait la messe, ils étaient entrés dans l'église du monastère de Saint-Germain-des-Prés, et c'est à peine si une vingtaine de moines avaient pu s'échapper pour mettre à l'abri le corps du saint patron. En 866, nouvelle incursion ; mais les Normands trouvent sans doute Paris trop bien sur ses gardes, ou trop épuisé ; ils passent outre et vont piller Melun.

Vingt ans s'écoulent ; la ville a pu réparer ses pertes et se refaire des trésors. Les barques normandes reparaissent ; mais par bonheur, on s'est tenu en défiance. Au premier bruit de l'approche des barbares, les reliques de Saint-Germain sont portées de l'abbaye dans la Cité, avec le bois de la vraie croix et tous les autres reliquaires. Paris peut, cette fois, abriter ces pieuses richesses ; jamais on n'a pris de plus vigoureuses mesures pour la défense. Les murailles qui forment l'enceinte fortifiée de l'île ont été réparées et peuvent braver une attaque. Ce n'est pas tout encore, on veut prévenir même cette attaque, on veut arrêter les Normands avant qu'ils soient parvenus à l'endroit du fleuve d'où ils pourraient la tenter. On leur a créé un obstacle inexpugnable, qui, ayant pour centre la pointe même de l'île, s'étend sur les deux bras du fleuve et les ferme à toute barque qui voudrait le remonter.

C'est un pont de bois, ou plutôt un barrage de pieux énormes qui va sans interruption d'une rive à l'autre, dans la plus grande largeur de la Seine, en s'appuyant, au milieu, sur la proue de ce vaisseau échoué qu'on appelle l'île de la Cité. Figurez-vous au lieu de notre Pont-Neuf, une robuste palissade aux poutres largement écartées, barrant, comme un rempart, tout le lit de la Seine. Seulement, ne la placez point tout à fait à l'endroit où se trouve le pont actuel. Jusqu'au XVIe siècle, l'île de la Cité que ce pont termine aujourd'hui, ne se prolongeait pas aussi loin. Deux petits îlots, dont nous aurons plus d'une fois à parler, et qui furent joints et comme soudés à sa masse plus considérable, afin de former le sol de la place Dauphine et ce qu'on nomme toujours le terre-plain du Pont-Neuf, lui servaient alors comme d'avant-garde. La grande île s'arrêtait à la hauteur de la rue du Harlay; rien même n'indique mieux que cette rue la place du canal souvent desséché qui séparait la Cité de ses deux îlots satellites. Or, c'est à ce point même, où la ville se terminait alors, que le pont fut établi.

Les travaux en avaient été commencés dès le règne de Charles le Chauve, les uns disent en 861, les autres en 870, car dans le diplôme ordonnant cette fondation, rien [1] ne précise une date. Il est plus formel dans quelques détails. C'est, y est-il dit, pour l'utilité du royaume que ce pont devra être construit, il sera plus grand que les autres (*majorem*), et cela seul prouverait qu'il devait s'étendre sur les deux bras du fleuve. Quant à sa position, elle est exactement indiquée, et répond fort bien à celle que nous lui avons assignée tout à l'heure : « Il est hors de la ville, » qui en effet s'arrêtait à la pointe de la Cité; « il dépend du territoire de Saint-Germain-l'Auxerrois, » dernier détail qui confirme au mieux ce que nous disions tout à l'heure : le pont, suivant la direction que nous lui avons fait prendre dans l'axe de la rue du Harlay, devant naturellement aboutir, sur la rive droite, aux confins de la paroisse de Saint-Germain-l'Auxerrois.

On n'avait rien négligé pour sa solidité et pour sa défense. Les énormes poutres dont

---

[1] Baluze, *Capitulaires*, t. II, col. 1,491.—*Cartulaire de Notre-Dame*, t. Ier, p. 244.

il était formé reposaient sur un massif de pierres (*lapidum struem... super altam*), comme dit en son latin barbare le moine Abbon, dont le poëme sur le *Siége de Paris* sera tout à l'heure notre meilleur guide. Sur chaque rive était une forte tour servant de tête de pont. Celle qui était bâtie, du côté du septentrion, sur le territoire de Saint-Germain, était la même que le fameux *For-l'Évêque* a depuis remplacée [1]. Deux maisons situées, l'une sur le quai de la Mégisserie, n° 56 (ancien), l'autre dans la rue des Fossés-Saint-Germain-l'Auxerrois, sous le n° 65, ont été construites sur ses ruines, lors de la démolition en 1780. Longtemps, par une licence de langage qui lui est commune en toute chose, le peuple lui avait donné le nom de *Four*, au lieu de *For-l'Évêque*. Or, chose singulière ! dès l'époque d'Abbon, cette altération de mots existait déjà. Il constate à propos de l'attaque infructueuse que les Normands tentèrent contre cette tour : « Plusieurs, dit-il, d'après l'excellente traduction de M. Taranne, regagnent mourant leurs

---

[1] Bonamy, *Mémoires de l'Académie des Inscriptions*, t. XVII, p. 291.

bateaux, avant d'avoir pu lancer leurs frondes, avant d'avoir grevé de leurs pierres la tour ennemie. Au moment où ils exhalent le dernier souffle, les Danoises, pleurant et s'arrachant les cheveux, s'adressent ainsi chacune à son mari : « D'où viens-tu, te « sauves-tu d'un four (*fornace fugis*)? Je le « vois, fils du diable, vous ne pourrez jamais « en triompher. Quoi! ne t'ai-je point donné « du pain, du riz et de la chair de sanglier? « et tu reviens sitôt à ton gîte! Veux-tu donc « qu'on te serve un autre repas? Glouton, « les autres reviennent-ils ainsi? ils seraient « traités aussi honorablement. »—Ainsi dans la bouche de ces femmes, un four à voûte surbaissée prête son nom ignoble à la tour.»

Quand les barques normandes avaient paru à l'horizon, la tour n'était pas encore achevée de construire, *necdum perfecte firmata fuerat*, ainsi qu'il est dit dans les *Annales védastines*[1]. Toute la partie supérieure manquait; mais il suffit d'une nuit pour qu'à l'aide de fortes charpentes habilement dressées, une tour de bois surmontât tout à coup la tour de pierre. Les Normands, qui comptaient sur une prise

---

[1] *Recueil des Historiens de France*, t. VIII, p. 84.

facile et qui ne s'étaient point préparés à une attaque sérieuse, s'approchèrent avec précaution du fort si miraculeusement complété. Ils furent accueillis par une grêle de pierres et par des torrents de poix bouillante versés à pleines cuves du haut des créneaux. La tour était bien défendue; Ebles, abbé de Saint-Germain, neveu et digne lieutenant de Gozlin, le prélat guerrier, y commandait en personne. Les Normands, ainsi repoussés, ne se hâtèrent point pour une nouvelle attaque, malgré les reproches que leur adressaient leurs femmes. Ils se logèrent dans l'église abandonnée de Saint-Germain-l'Auxerrois, alors appelée *Saint-Germain-le-Rond,* à cause de sa forme. Pour s'en faire une forte citadelle d'où ils dirigeraient plus facilement leurs assauts contre la tour voisine, ils l'entourèrent de retranchements et de fossés dont l'existence est encore indiquée par le nom de la rue *des Fossés-Saint-Germain-l'Auxerrois*[1].

« Tandis que le soleil répand ses rayons sous un ciel rougeâtre, dit Abbon, les Normands parcourent les rives de la Seine, que protége le bienheureux Denys, et travaillent à se construire autour de Saint-Ger-

[1] Mauperché, *Paris ancien et moderne*, in-4º, p. 74.

main-le-Rond un camp fermé de palissades et d'un rempart de pierres et de terre confondues pêle-mêle ; ensuite, à pied, à cheval, ces hommes sanguinaires parcourent les monts et les champs, les bois et les plaines découvertes, envahissent les villages et tuent les enfants, même au berceau, les jeunes gens, la vieillesse blanchie, les pères, les fils et même les mères. »

Au retour de chacune de ces incursions dans la campagne, les Normands tentent contre le fort un attaque nouvelle, mais toujours inutilement. Une fois ils se décident à essayer de forcer le passage en détruisant le pont de bois, « croyant, s'ils pouvaient le renverser, dit Abbon, qu'ils seraient facilement maîtres de la tour. » Ils se partagent en trois troupes. La plus nombreuse ira assaillir le fort, tandis que les deux autres, montées sur les grandes barques couvertes de peinture (*picto parone*), se lanceront contre le robuste barrage. Ils y trouvent une énergique défense, toute une ligne de citoyens et de moines armés qui jettent sur les barques des pierres énormes à les faire couler bas. Les Normands recourent alors à l'incendie. « Furieux, ils saisissent trois barques assez grandes, les chargent de broussailles et de feuillages, et y mettent le feu ; puis, lorsqu'elles vomissent des flammes, elles remontent lentement le fleuve, traînées par des câbles le long des rives, pour brûler le pont où la tour. » Par un bonheur inouï, dont Abbon fait un miracle, les barques incendiaires viennent se heurter contre le massif de pierre sur lequel le pont est assis ; elles y échouent. « Aussitôt le peuple de Dieu descend auprès de ces feux ennemis, les plonge dans les eaux, s'empare des barques en vainqueur, et trouve la joie dans ce qui tout à l'heure faisait sa douleur et ses larmes. »

On était dans les mois pluvieux de l'hiver ; la Seine, grossie par les pluies, montait toujours et menaçait d'une inondation. Le pont, aux arches serrées, lui était un obstacle, elle ne tarda pas à le renverser. Dans la nuit du huitième jour des Ides de février, la partie de ce pont qui défendait le petit bras du fleuve, céda sous l'effort des eaux. Une tour, pareille à celle qui était de l'autre côté, mais moins forte pourtant, lui servait de défense ; elle le rattachait à l'île de la Cité, et cette ruine imprévue lui enlevant toute communication avec la ville, allait la laisser isolée, à la merci de la première attaque. L'évêque Gozlin voulut y pourvoir avant que les Normands, retirés dans leurs retranchements de Saint-Germain-le-Rond, eussent pu avoir connaissance de la chute du pont ; vers la quatrième heure de la nuit, il fit venir Hervé, le plus vaillant des vassaux de la cathédrale ; il lui donna l'ordre de prendre avec lui onze de ses plus braves compagnons, et d'aller prêter main-forte aux défenseurs de la tour du Sud, jusqu'à ce que, avec l'aide des habitants, il eût réussi à rétablir le pont. Gozlin conduisit lui-même Hervé et ses onze braves jusqu'à la pointe de l'île où s'éleva plus tard le palais de l'Archevêché. Une grande barque était prête, Hervé et ses hommes y montèrent, puis, bénis par l'évêque, ils commencèrent à descendre le fleuve, luttant à grand'peine contre les flots qui débordaient de toute part sur les grèves de la rive gauche.

Le jour qui paraît fait voir aux Normands les désastres de la nuit, mais il leur montre aussi, sur le faîte de la tour, Hervé et les siens prêts à la défense, et sur les ruines du pont tous les habitants qui travaillent déjà, tandis que du haut des murs le saint évêque les encourage du regard et de la voix. Cent barques sont aussitôt lancées contre ceux qui travaillent et contre ceux qui défendent le fort. La violence des eaux les empêche de remonter, et si quelques-unes y réussissent, elles viennent se perdre dans l'espèce de gouffre formé autour des deux arches du pont qui touchent à la tour et les seules qui soient restées debout. Cette lutte des Normands contre les flots se prolonge jusqu'à midi. Découragés, ils prennent terre sur la rive méridionale et s'approchent de la tour. Elle était de bois presque tout entière, ses assises seules étaient de pierre et de brique. Les Normands prennent une charrette (*carpentum*) pleine de foin et de matières sèches, ils y mettent le feu et la poussent tout enflammée contre les parois du fort. Il prend feu lui-même, et pour lutter contre l'incendie qui monte, Hervé et les siens n'ont qu'un vase étroit, « une médiocre bouteille (*lagenam*), dit Abbon, qui épanche de clairs filets d'eau sur un foyer profond [1]. » Bientôt même ce secours leur manque, le vase s'échappe

---

[1] *V.* aussi les *Annales védastines,* dans le *Recueil des Historiens de France,* t. VIII, p. 84.

de leurs doigts et se perd dans les flammes. L'incendie envahit tout, la tour n'est plus qu'un immense brasier. Hervé et les siens la quittent alors : « Les guerriers abandonnent leur fort et se retirent à l'extrémité des ruines du pont ; là, ils recommencent le combat terrible contre des ennemis terribles, jusqu'à ce que Phœbus ait tourné la tête vers les profondeurs de la mer. Javelots, pierres, flèches rapides, tout est mis en œuvre par ce peuple ennemi de Dieu. Mais comme leurs efforts ne pouvaient triompher : « Guerriers, leur crient-ils avec perfidie, « venez vous remettre à notre foi ; vous « n'avez rien à craindre. »

« O douleur ! ils se confient à ces paroles mensongères, espérant pouvoir se racheter par une riche rançon ; autrement, ils n'eussent pas été pris en ce jour. Hélas ! désarmés, ils subissent le glaive d'une nation sanguinaire, et tandis que leur sang coule, leurs âmes s'envolant dans le ciel y reçoivent la palme du martyre et la couronne qu'ils ont si chèrement achetées. »

La prise de la ville ne suivit pas l'incendie de la tour du Sud, loin de là ; les Normands débarquèrent inutilement sur les grèves de l'île, dont la chute du pont leur livrait l'approche. Ils ne purent qu'errer, comme des bandes de bêtes fauves, autour des hautes murailles qui l'entouraient[1]. Une année se passa ainsi en attaques continuelles, mais toujours infructueuses. Enfin, on vit flotter un jour, sur les hauteurs de Montmartre, les enseignes impériales. Charles le Gros arrivait, et avec lui la délivrance. Paris pouvait espérer de l'obtenir par les armes et par le massacre de ces barbares, qui depuis tant de mois la tenaient assiégée et ensanglantaient les campagnes; le lâche empereur aima mieux payer que combattre. Il donna aux Normands six ou sept mille livres d'argent et leur abandonna le pillage de la Bourgogne.

Deux ans après ils osèrent revenir encore, mais ce fut pour la dernière fois. Ce ravage de la terre des Burgundes les avait alléchés, et c'est là qu'ils retournaient en passant par Paris. La ville fit bonne contenance, comme le prouve ainsi dans sa curieuse *Chronique*, Albéric, moine de Trois-Fontaines[2] : « En

---

[1] Toussaint Duplessis, *Nouvelles Annales de Paris*, p. 178.

[2] *Recueil des Historiens de France*, t. IV, p. 218.

l'an 888, dit-il, les Normands ayant vu que Paris, tant par ses armes, sa situation et le secours d'hommes, était en état de défense et que le siége était impossible, et n'ayant pu faire monter leurs barques au-dessus de cette ville, le lit de la Seine étant rétréci par les ponts (*per arta pontium*), avec des travaux considérables tirèrent lesdites barques hors de l'eau, et à force de bras les transportèrent plus haut. »

Le pont de Charles le Chauve, ceci l'indiquerait, avait été réparé dans toute sa longueur, et était alors en bon état; depuis, qu'est-il devenu, qu'en est-il resté ? quelques pilotis qu'il y a cent ans on voyait encore à fleur d'eau dans les temps de grande sécheresse : « Lorsqu'en 1731, dit Bonamy[1], M. Turgot, alors prévôt des marchands, profita de la sécheresse du temps et des eaux basses pour faire nettoyer le lit de la rivière et enlever des atterrissements formés par le cours de la navigation, dans le grand bras du côté du Pont-Neuf, on découvrit des pilotis d'un ancien pont de bois dans le même en-

---

[1] *Mémoires de l'Académie des Inscriptions,* t. XVII, p. 291.

droit où se place le pont de Charles le Chauve. »

C'est en faisant un pareil curage, nécessaire pour l'établissement des culées du Pont-des-Invalides, qu'en 1806 on trouva dans l'île aux Cygnes, à huit pieds sous terre, une longue barque formée d'un seul tronc de chêne, renforcé par six courbes du même bois, fixées avec des chevilles de sapin[1]. C'était un bateau normand, un de ces *lintres* ou *myfparones* dont Tacite a parlé le premier, un dernier débris, enfin, de cette flotte immense de neuf cents barques qui, lors du siége raconté tout à l'heure, couvrait la Seine sur une longueur de près de deux lieues, de l'île de la Cité, jusqu'à celle des Cygnes. Que ce dernier détail vous suffise pour preuve du courage et de la résolution que nos pères eurent à déployer pour repousser une si formidable invasion.

[1] Clarac, *Notice sur le Louvre*, t. Ier, p. 246. — *Bulletin Férussac. Sciences historiques*, t. VII, p. 232.

I

Le Pont-Neuf, pendant deux siècles, est le cœur de Paris.— Son histoire projetée en six volumes in-folio. — L'*île Bussy* et l'*île aux Treilles*.—Auto-da-fé de Juifs.—Supplice des Templiers. — Inondations des ports de la Grève et de l'École. — Chaînes pour *boucler* la Seine. — *Saulsaies* du quai des Augustins. — Comment Paris est une ville du Hurepoix.— Origine du nom de la rue de *la Herpe* ou de *la Harpe*.—L'hôtel Saint-Denis.— *La Vallée de Misère*.

Si, à partir du xviie siècle, le cœur de Paris bat quelque part, c'est certainement au Pont-Neuf; là est son centre, là est sa vie; c'est vers ce point si favorablement assis au confluent des trois grands quartiers : la Ville, la Cité, l'Université, comme on disait autrefois, que rayonne toute son activité; c'est à ce milieu qu'aboutissent les flots de cette foule agissante et pressée, tous les bruits de cette grande ville toujours bruyante et toujours tourmentée. Un homme d'esprit du xviiie siècle, l'abbé Galiani, je crois, disait : « Paris est un monde dont le Palais-Royal est la capitale. » Ce mot si juste fut longtemps vrai pour le Pont-Neuf. On pourrait même prouver qu'il l'est encore aujourd'hui, plus surtout que pour le Palais-Royal, dont la splendeur maintenant effacée ne dura guère que trois quarts de siècle, de 1750 à 1830. Faire l'histoire du Pont-Neuf, c'est donc faire celle de Paris tout entier, depuis le règne de Henri IV.

Un certain Dupuys-Demporte le pensa comme nous, il y a cent ans; mais au lieu de prendre son idée au sérieux, il la tourna en parodie. Il fit annoncer l'*Histoire générale du Pont-Neuf en six volumes in-folio, proposée par souscription*, à Londres, MDCCL. C'est une mauvaise plaisanterie qui n'aboutit qu'à un assez plat prospectus dont nous ne parlerions pas s'il n'était rarissime, et s'il ne contenait, sous forme ironique et burlesque, des choses qu'on peut très-facilement ramener au sérieux. Il commence par un *Avis du libraire* ou *Coup d'œil sur l'ouvrage entier :*

« Rien de plus célèbre en France, et cependant rien de moins bien connu que le Pont-Neuf. C'est le sort ordinaire des choses d'habitude, sur lesquelles on ne fait que passer et glisser éternellement. Tant d'autres lieux moins remarquables et plus stériles en *événements* de toute espèce nous ont valu des histoires générales régulièrement suivies d'autant d'abrégés, très-susceptibles d'autres abrégés à l'infini ; tandis qu'à la honte de plusieurs grands écrivains, ingrats pour leur patrie, le Pont-Neuf a resté (*sic*) sans gloire, c'est-à-dire sans histoire. » Plus loin, après avoir parlé de ses prétendues recherches qui ont duré cinquante ans et qui lui permettent de donner enfin une histoire « riche et féconde par des emprunts, forte et nerveuse par les quintessences de diverses matières, fidèle par le pour et le contre, impartiale par l'esprit de décision, amusante par des bigarrures, etc. ; » après avoir donné ensuite cette distribution de son ouvrage : « Le premier volume contient l'*Histoire des antiquités* ; le second l'*Histoire naturelle* ; le troisième l'*Histoire civile* ; le quatrième l'*Histoire politique* ; le cinquième l'*Histoire militaire* ; et le sixième l'*Histoire littéraire*, » notre auteur termine par un nouvel éloge du Pont-Neuf, qu'il appelle « le vieux sérail de nos goûts surannés, en quelque genre que ce soit. » Disant tout cela, M. Dupuys-Demporte veut rire et croit sans doute être bien plaisant et surtout bien paradoxal ; je doute pourtant qu'il eût parlé plus juste en voulant parler tout à fait sérieusement. Cela est si vrai, que, prenant au grave ce qu'il a pris au burlesque, nous ne voudrons pas pour notre travail, tout historique, d'autre préface que son prospectus-parodie. Seulement, où il promet *six volumes in-folio,* nous ne promettons guère plus de quelques centaines de pages.

Nous aussi, nous commencerons par les *antiquités,* pour parler comme ce bon M. Dupuys, et, sans nous inquiéter de ses phrases contre les chercheurs d'origine, dont il dit prétentieusement : « La base de leurs connoissances s'étend en long et en large dans le ténébreux abime des siècles passés, et vient finir en pointe à l'aurore de nos jours, » nous chercherons non-seulement ce que fut le Pont-Neuf depuis sa fondation, mais encore ce qu'était l'aspect du terrain sur lequel il fut bâti, et ce qui se passa de curieux là et sur les deux rives avoisinantes.

L'île de la Cité, nous l'avons dit déjà, ne s'avançait pas dans la Seine au delà de l'endroit occupé aujourd'hui par la rue du Harlay. Le terrain de la place Dauphine et le terre-plain du Pont-Neuf ne lui appartiennent donc pas. Ils dépendent de deux petites îles satellites que notre Introduction vous a déjà fait un peu connaître, et qui se présentaient en avant de la plus grande, comme deux chaloupes en avant du navire.

Le petit bras de la Seine qui les séparait de la grande île, et qui, se frayant ensuite un étroit canal, les désunissait elles-mêmes, était une sorte d'Euripe placide et sans courant, souvent envahi par les grèves, et même tout à fait mis à sec dans les grandes chaleurs. Il n'avait pas beaucoup plus de largeur que la rue du Harlay, qui l'a remplacé ; et les hautes feuillées du jardin royal, qui paraient d'un rideau de verdure toute la pointe de l'île du Palais, devaient prolonger leur ombrage jusque sur les vignes et les pâturages des deux îlots.

L'un, situé vers l'École Saint-Germain, ne contenait guère qu'un demi-quartier de terre. Il est appelé, dans les titres, tantôt l'île du *Passeur aux Vaches*, qui sans doute y avait sa cabine; tantôt l'*Ile Bussy,* ou *Buci* du nom de Simon de Buci, pour qui fut créé en 1344 le titre de *premier président,* et qui pouvait bien en cette qualité avoir des droits sur cet îlot, voisin des *étuves du Palais.*

L'autre île, d'une plus vaste contenance, s'étendait en long du côté des Augustins, c'est-à-dire en vue de la rive gauche, et faisant face au Midi. Elle se trouvait bien de cette exposition. Les treilles qu'on y cultivait dondaient d'abondantes vendanges; elles ne produisaient pas moins de six muids de vin, dont, en 1160, le roi Louis VII, et non pas Philippe-Auguste, comme le veut Piganiol[1], fit don à perpétuité au chapelain de la chapelle Saint-Nicolas-du-Palais[2]. C'était donc alors une propriété royale, mais dépendante toutefois des abbés de Saint-Germain-des-Prés, et, comme telle, soumise à une redevance. Dans une charte de 1250, ils l'appellent leur *isle de Seine,* et ils s'y réservent six deniers sur chaque jument pleine, et douze sur chaque bœuf ou chaque vache que l'on y mènera paître.

De la variété des cultures de la petite île

---

[1] *Description de la ville de Paris,* t. II, p. 49.
[2] Félibien, t. Ier, p. 186.

était née la variété des noms qu'on employait pour la désigner. Pour les uns, c'était l'*île aux Treilles*; pour les autres, l'*île aux Vaches*. Il en était aussi qui l'appelaient l'*île aux Juifs*; le continuateur de Nangis, par exemple, ne la nomme pas autrement. Nous ne savons pas d'une manière positive d'où lui venait cette dernière dénomination. Il y a pourtant tout lieu de croire qu'elle la devait aux trop nombreux auto-da-fé qui, pendant le moyen âge, décimèrent la race israélite à Paris, et dont cette île fut sans doute le théâtre. Nous savons, en effet, que, lorsqu'un bûcher devait se dresser pour quelque exécution solennelle, c'est là qu'on l'élevait d'ordinaire, afin que, tout en le rendant public et le donnant en spectacle à la multitude accourue sur les deux rives, on pût défendre des envahissements de la foule le grand acte de justice ou d'iniquité.

C'est là, c'est dans ce riant îlot, tout de verdure et de fleurs, que furent brûlés les deux chefs des Templiers, le 13 mars 1313 (1314), suivant la date consignée au troisième volume des *Olim* du Parlement[1]; c'est là

[1] T. III, fol. 146.

qu'amenés par ordre de Philippe le Bel, ils surent braver si noblement la mort, et mériter cette parole de Bossuet, leur plus belle oraison funèbre : « Ils avouèrent dans les tortures, ils nièrent dans les supplices. »

Voici comment le continuateur de Guillaume de Nangis[1] raconte leurs derniers moments; il vient de nous renseigner sur les mesures prises par Philippe le Bel, et sur ses craintes; il ajoute : « Ayant communiqué avec les siens, sans appeler ses clercs, par un avis prudent, vers le soir du même jour, il les fit brûler tous deux sur le même bûcher, dans une petite île de la Seine, entre le jardin royal et l'église des frères ermites de Saint-Augustin. Ils parurent soutenir les flammes avec tant de fermeté et de résolution, que la constance de leur mort et leurs dénégations finales frappèrent la multitude d'admiration et de stupeur[1]. »

---

[1] *Chronique des Rois de France*, anc. édit., p. 67.
[2] Dans les *Olim,* le lieu du supplice est ainsi indiqué : « In insulâ existente, in fluvio Sequanæ juxtà « pointam jardinii nostri, inter dictum jardinium nos- « trum ex unâ parte dicti fluvii et domum religioso- « rum ordinis S Augustini, Parisii, ex alterâ parte « dicti fluvii. »

Peu de mois après, un autre bûcher se dressa dans l'*Ile aux Juifs* pour un autre supplice. On y brûla trois femmes accusées d'être les complices de l'évêque de Châlons, Pierre de Latilly, chancelier de France, et d'avoir préparé avec lui des breuvages destinés à Philippe le Bel et à l'évêque de Châlons, prédécesseur de Pierre de Latilly.

Après l'exécution des Templiers, les religieux de Saint-Germain avaient réclamé comme seigneurs du terrain de l'île dont on faisait un si funeste usage. Le roi leur avait fait répondre qu'en faisant ainsi justice sur leur terre il n'avait pas prétendu préjudicier à leurs droits, et pour leur prouver mieux le peu de cas qu'il faisait de leurs plaintes, il avait, dès l'année suivante, ordonné un second supplice sur le même terrain. Les moines eussent volontiers permis dans leur île une exécution de Juifs ou d'hérétiques. Ils l'eussent même demandée comme un honneur pour sanctifier leurs terres; mais le supplice des Templiers, qui, comme eux, tenaient étroitement à l'Église; celui de trois femmes impliquées avec un évêque dans une même accusation, c'est ce qu'ils ne pouvaient permettre. Voilà pourquoi, sans doute, ils durent se plaindre une seconde fois, comme ils avaient fait la première ; mais par les mêmes raisons, Philippe le Bel, qui prenait plaisir à les braver, dut encore passer outre sans les écouter.

La Seine venait de temps en temps laver les traces de tous ces supplices. Les inondations étaient alors fréquentes et terribles, et les petites îles, dont le sol, très-abaissé, n'était pour ainsi dire qu'une grève à fleur d'eau, devaient être les premières submergées. Les deux rives du fleuve, que des quais ne défendaient point encore, n'étaient pas moins envahies. Quelquefois, comme il arriva vers la fin de 1296, les eaux, pénétrant de toutes parts dans la ville, ne se retiraient qu'au bout d'un mois de ses rues inondées. Les ponts eux-mêmes ne pouvaient résister à leur effort.

Au commencement du XIIIe siècle, le Grand et le Petit Pont, qui n'étaient alors que de bois, avaient été emportés : on les avait rebâtis en pierre, mais ils n'en cédèrent pas moins à l'inondation de 1296. Tous les écrits du temps, même les fabliaux, parlent de ses ravages.

Ainsi, on lit dans la *Chronique de Saint-Magloire* [1] :

> Furent les iaues grans en décembre
> Si vilainement percrues
> Qu'el allèrent parmi les rues;
> As mesons grant mal eles firent,
> Car pons et molins abatirent
> De Paris, de Miaux, d'autres villes....
> . . . .
> Abati l'iaue mesons et caves
> Ne oncques mais, si com je cuit,
> Tel déluge home ne vit ;
> Ne vit-on y tel yver
> Ne si felon, ne si dyver.

Quant l'hiver ne sévissait point par les inondations, c'était par les gelées : la Seine se prenait tout entière, et ses débâcles étaient terribles; celle de 1325 emporta tous les ponts rebâtis depuis 1296 [2]. Les deux rives souffraient beaucoup. Je ne parle pas seulement du *port de la Grève,* qui, étant fort en pente et d'un sol très-abaissé, une véritable *grève* enfin, comme son nom l'indique, se trouvait submergé à la moindre crue ; mais encore des quais ou ports qui, malgré leur plus grande élévation, étaient pourtant aussi rendus im-

---

[1] *Recueil de Fabliaux*, par Barbazan.
[2] Sauval, *Recherches sur les Antiquités de Paris*, t. Ier, p. 201.

praticables en hiver par les inondations et les glaces : ainsi, celui que Philippe-Auguste avait fait établir en 1213, vis-à-vis l'école de Saint-Germain-l'Auxerrois, et qui, pour cela, s'appelait déjà *port de l'École*; ainsi, toute la rive opposée, à partir de la grosse tour de *Philippe-Hamelin* ou de *Nesle* jusqu'au Petit-Pont.

En été, quand la Seine était tenable, les bateaux abondaient dans le petit port du Louvre et encombraient tout le lit du fleuve jusqu'aux abords de l'île aux Treilles et de l'îlot voisin. Le soir, surtout, ils devaient remonter jusque-là et s'y amarrer, afin de rester dans la limite dont la démarcation était la grosse chaîne tendue sur la Seine à la nuit tombante. On l'agrafait d'un côté à la tour de Nesle, de l'autre à la tournelle du Louvre[1]. Paris finissait là. Quand les mariniers qui se chargeaient de mener les nefs en aval, et qu'on appelait pour cela *avaleurs de nefs,* ou *nés,* étaient parvenus à cette tournelle du Louvre, ne fussent-ils même pas

[1] Pendant la Fronde, deux chaînes de barrage existaient encore sur la Seine : l'une à l'Arsenal, l'autre à l'île Notre-Dame. (Leroux de Lincy, *Registres de l'Hôtel de ville pendant la Fronde*, t. Ier, p. 20.)

partis d'aussi loin que l'*île aux Javax* (île Louviers), le point le plus opposé, ils pouvaient réclamer les 12 sous parisis qu'on leur devait pour le transport de quarante pièces de vin, ou les 20 deniers auxquels ils avaient droit pour chaque muid de sel mis sur leurs longues flûtes à huit rames[1].

Mais l'hiver, je le répète, tout ce mouvement cessait; autour de nos petites îles, plus rien de cette activité commerçante : heureuses encore si le fleuve trop grossi ne venait pas détruire les pâtures et les vignes de l'*île aux Juifs*, et forcer de déloger le seul habitant de l'île voisine, ce pauvre passeur aux vaches auquel elle devait l'un de ses noms et dont le métier était de passer et repasser dans son bac les vaches et les chevaux qui allaient paître dans l'autre île.

La partie de la rive gauche que nous appelons aujourd'hui le quai des Augustins était plus que toute autre endommagée par les crues. C'est donc aussi de ce côté qu'on pensa d'abord à porter remède[2].

[1] Leroux de Lincy, *Histoire de l'Hôtel de ville*, in-4°, p. 216.

[2] Maurice Champion, *Histoire des Inondations*, t. Ier, p. 35.

« Tout le bord de la rivière du côté des Augustins, lisons-nous dans Félibien[1], sous la date de 1312, n'estoit alors revêtu d'aucun mur, il estoit en pente, et garnis de saules, à l'ombre desquels les habitants alloient se promener, mais les inondations fréquentes de la Seine minoient peu à peu les terrains et fesoient craindre pour les maisons. Cette considération porta le roy Philippe le Bel à donner ordre par les lettres du 9 juin 1312, au prévost des marchands de bâtir de ce côté-là, un quay de pierres de tailles. Par d'autres lettres du 23 may de l'année suivante, il reproche au prévost des marchands, qu'il n'a pas eu soin d'obéir aux ordres réitérés qu'il lui avoit donnés de bâtir un quay sur la rive qui estoit entre la maison de Nesle alors appartenant au roy, et celle de l'évêque de Chartres, quoique les maisons soient menacées d'une ruine prochaine à cause des inondations de la rivière. Il renouvelle les mêmes ordres, et menace le prévost de luy faire sentir les effets de son indignation s'il se rend négligent à exécuter encore ce qui lui a été commandé. »

[1] T. Ier, p. 523.

Le quai fut enfin bâti, et la partie de la ville qu'il longeait en fut beaucoup embellie. D'un côté, il touchait à la porte de Nesle, et de l'autre, suivant une ligne droite que le débouché du Pont-Neuf vint plus tard couper à son milieu, il aboutissait à la rue du *Hurepoix,* qui n'était même que son prolongement. Cette rue, depuis longtemps disparue, commençait à peu près à la hauteur de la rue Gilles-Cœur, et finissait au pont Saint-Michel, ayant tout un côté de maisons qui tournaient le dos à la Seine. A propos de son nom, nous nous arrêterons un instant sur une particularité qui n'a pas été remarquée, et que même presque tout le monde ignore. De même que Londres, qui, coupée en deux par la Tamise, appartient d'un côté au Surrey, de l'autre au Middlesex, Paris au moyen âge dépendait de deux provinces. Du côté droit de la Seine, c'était l'Ile-de-France ; de l'autre, c'était le *Hurepoix* ou *Herupoix,* assez vaste contrée, moitié Brie, moitié Beauce, qui renfermait dans ses limites Corbeil, Mantes, la Ferté-Alais, et même, selon quelques-uns, Melun et Chartres. La rue dont nous parlons lui devait son nom et il se pourrait même que la rue de *la Harpe,* l'une des plus considérables de ce quartier du Hurepoix, lui dût aussi le sien ; dans les vieilles chartes latines, ce nom est *vicus Heripensis,* et celui du pays qui nous occupe était *pagus Heripensis.* L'identité est complète. Pourquoi, par une altération trop commune alors, le nom latin ne se serait-il pas francisé en rue de la *Herpe,* puis, par suite d'une autre altération, en rue de *la Harpe ?* Pour notre compte, nous aimons autant cette étymologie que celle qu'on veut tirer de l'existence de cette enseigne de la Harpe qui pendait, dit-on, déjà en 1347, au-dessus de je ne sais quelle maison proche de la rue Mâcon. Pourquoi, une seule fois, au lieu d'une enseigne inspirant le nom d'une rue, n'aurait-on pas le nom d'une rue inspirant une enseigne ?

Si ce fait : Paris simple ville du Hurepoix, est ignoré aujourd'hui, il n'était inconnu de personne au moyen âge. Tout le monde désignait par le nom de la petite province le quartier qui en faisait partie.

Dans un rarissime petit livre qui doit dater des premières années du xvie siècle, et où se trouvent dénombrées et mesurées dans leur longueur les principales rues de Paris, voici ce que nous lisons :

> Dedans la cité de Paris
> Y a des rues trente et six
> Et au quartier du Hurepoix
> En y a quatre vingts et trois
> Et au quartier de Saint Denys
> Trois cents, il ne s'en faut que six
> Comptez le bien et à vostre aise
> Quatre cents y en a et treize.

Le nouveau quai de Philippe le Bel fut l'un des plus beaux embellissements de ce vaste quartier aux quatre-vingt-trois rues. Les gens du petit peuple, il est vrai, y perdaient leur promenade, cette verte saussaie où ils aimaient tant à s'ébattre ; mais les gens de noblesse y gagnaient un vaste espace où bâtir des hôtels ayant vue sur la Seine, une large voie où se promener en carrosse. Nulle part, si ce n'est encore vers les Bernardins, où un autre quai avait été construit, ils ne pouvaient prendre ce plaisir ; « car d'ailleurs, comme dit le vieux Du Breul, il n'y a que des escalliers de pierre par certains endroits pour descendre à l'eau à laquelle l'on ne peut voir que par ces endroits. »

Les hôtels qui ne tardèrent pas à border le nouveau quai, lui donnaient, par leurs façades monumentales et par les ombrages de leurs jardins, qui se mêlaient à ceux de la maison des Augustins et du fameux hôtel des abbés de Saint-Denis, un aspect tout à la fois riant et magnifique qui contrastait singulièrement avec la physionomie désolée et triste de l'autre rive. Par bonheur la pointe toute verdoyante de l'île de la Cité et les feuillées des îlots voisins la masquaient en partie.

C'est sur ce bord opposé que se trouvait *la Vallée de Misère*. Ce nom nous dispenserait d'une description, mais il faut pourtant dire que, grâce aux métiers qui s'exerçaient dans ces quartiers, grâce aux gens qui y venaient sans cesse pour ajouter à leur aspect repoussant et à leur malpropreté, c'était là un nom bien mérité. On ne trouvait là que des mégisseries (le quai actuel n'en a par bonheur, conservé que le nom). Auprès était le marché à la volaille, marché en plein vent alors, où tout marchand, qu'il vînt d'Argenteuil ou de Pontoise, pouvait étaler sa marchandise en pleine fange. Le lieu où il se trouvait, lui avait fait donner le nom de marché de *la Vallée de Misère,* ou simplement de *la Vallée,* et, chose singulière ! quand il passa de l'autre côté, sur ce quai des Augustins, qui alors l'insultait de sa splendeur, il continua de s'appeler ainsi. Le beau quai en a même pris le nom que le misérable portait alors. C'est une revanche.

II

Marion la Marcelle et Thibaut-aux-dez. — Les Bureau de Dampmartin. — L'un d'eux achète l'*île aux Treilles*. — Le *moulin de la Monnaie*. — Où placé. — Histoire d'un inventeur. — Le bac du Louvre. — Panurge à l'hôtel Saint-Denis. — Montaigne et la rue de Seine. — Brantôme et sa clef d'or jetée dans la Seine. — Une aventure nocturne de Benvenuto Cellini, entre les Augustins et la tour de Nesle. — Le duc d'Elbeuf et Zamet. — Danger que court celui-ci, et qu'il n'eût pas couru si le Pont-Neuf eût existé. — Nécessité de la construction d'un pont à la pointe de la Cité reconnue par Henri II.

Sur cette rive, — je parle de *la Vallée de Misère*, — se voyait déjà la fameuse *arche Marion*, qui s'était appelée auparavant l'*abreuvoir Thibaut-aux-dez,* parce qu'en effet la rue qui venait y aboutir faisait suite à celle où Thibaut tenait, au xiiie siècle, son tripot pour les joueurs de dés. Son nouveau nom lui venait ou de Marion *la Marcelle,* qui vers la fin du même siècle avait acquis du roi, en toute propriété, le privilége d'exercice pour les métiers qui pullulaient dans ces quartiers, les *mégissiers,* les *baudoiers,* les *savetiers,* les *sueurs* (cordonniers)[1]; ou bien d'une autre Marion, qui, vers 1500, aurait eu la singulière pensée d'établir des étuves ou bains dans ces lieux malpropres. La rue de l'Arche-Marion en aurait même pris le nom de ruelle des *Étuves-aux-Femmes.*

Si l'on allait de l'arche Marion jusqu'au Louvre, en passant devant la rue de *la Monnaie,* qui, avant le xive siècle, s'était appelée rue *au Cerf,* et devant la rue de *l'Arbre-Sec,* qui n'a pas changé de nom; d'un autre côté, si l'on se rendait du même endroit à la Grève, il était difficile de trouver sur son chemin autre chose que de misérables échoppes; il était impossible surtout de se tirer des fondrières où l'on s'embourbait à chaque pas sur ce sol sans pavé, détrempé par les crues de la Seine, par les pluies continuelles ou par les ruisseaux des tanneries.

[1] Depping, *Dissertation sur l'état de l'Industrie et du Commerce de Paris au XIIIe siècle,* in-4°, p. 56.

En approchant de la Grève, cependant, on rencontrait enfin quelques beaux hôtels, notamment celui de la famille des Bureau de Dampmartin, ces parvenus du règne de Charles VII, qui de simples bourgeois étaient arrivés aux premières charges du royaume. Gaspard et Jean, fils de Simon, étaient devenus maîtres de l'artillerie, et, depuis, leur grandeur n'avait pas déchu[1]. En 1434, Guillebert de Metz[2], lors de son voyage à Paris, pouvait admirer leur hôtel et le grand train qu'ils menaient, au point d'avoir un poëte à leur solde. Il cite donc « le bel ostel Bureau Dampmartin... » et il ajoute: « lequel Bureau, outre les aultres choses de son estat, tenoit un poëte de grant auctorité, appelé maistre Lorens. » A peu d'années de là, en 1462, cette richesse des Bureau, loin de diminuer, s'était assez accrue pour que Hugues, l'un d'eux, afin d'avoir toujours un pâturage frais pour les chevaux de ses écuries, crût devoir acheter l'*île aux Juifs, aux Treilles* ou *aux Vaches,* qui, à partir de ce moment, perdit tous ces noms pour prendre celui d'*île*

---

[1] D. Godefroy, *Histoire de Charles VII,* p. 866.
[2] *Paris au XIVe siècle,* p. 65-66.

aux Bureau ou *Bureaux*[1]. Elle lui coûtait 12 deniers de cens et 10 sols de rente annuelle.

La petite île qui était auprès avait aussi changé de nom. D'abord, sans doute à cause de quelque ermite, augustin ou autre, qui était venu s'y établir, on l'avait appelée l'*île du Patriarche*, puis l'*île de la Gouslaine* ou *Gourdaine*, à cause du moulin ainsi nommé qu'on avait amarré dans son voisinage.

Ce moulin servait au monnoyage par invention nouvelle, dont Henri II avait accordé le privilége à celui qui l'avait découvert. Il s'appelait Aubin Olivier ; il était d'Auvergne, et menuisier de son état. C'était un habile homme, et d'un génie fort au-dessus de son métier. L'idée que l'ancienne manière de frapper les pièces au marteau avait toujours été insuffisante et défectueuse, lui fit chercher et trouver le procédé nouveau. Le roi l'accueillit bien, sur la présentation de Guillaume de Marillac, général des monnaies. Le 3 mars 1553 parurent des lettres patentes où

---

[1] Peut-être est-ce là que furent cultivés les premiers plants de *romaine*, que l'un des Bureau, bien avant Rabelais, à qui l'on en fait honneur, avait importée en France. (*Le Mesnagier*, t. II, p. 42.)

on lisait : « Nous avons pourvu ledit Aubin Olivier de l'office de maître et conducteur des engins de la monnoye au moulin. » Un édit du mois de juillet suivant vint confirmer ces lettres de nomination et autoriser Aubin Olivier à fabriquer des testons dans le moulin du Palais à Paris, établi au bout du jardin des Étuves. Olivier se mit à l'œuvre, et les pièces qui sortirent de ses mains furent admirées de tout le monde. Malheureusement leur fabrication entraînait plus de dépenses que celle du monnoyage au marteau. La beauté des produits empêcha d'y renoncer, jusqu'en 1585 ; mais cette année-là, en septembre, Henri III ayant eu un caprice d'économie, Aubin Olivier fut congédié et ses machines complétement délaissées sauf pour la fabrication des jetons et médailles [1]. Que devint l'inventeur ? Peut-être repassant la Seine, s'en alla-t-il grossir la multitude des pauvres diables qui pullulait dans *la Vallée de Misère* [2].

---

[1] L'abbé Prévost, *le Pour et le Contre*, t. V, p. 252.
[2] Sous Henri IV, on revint pour le monnoyage au *moulin de la Gourdaine* ; on préparait le métal en des ateliers bâtis sur l'île voisine, et qui bientôt furent trouvés trop petits, puis on frappait dans le moulin. (*Lettres de Malherbe à Peiresc*, p. 50.) — En 1639, on éta-

Ces quartiers ne s'étaient pas améliorés : toujours même détresse et même malpropreté. Jamais seigneur sortant du Louvre ne s'aventurait, fût-ce à cheval ou en carrosse, sur cette plage maudite ; il aimait mieux prendre le bac qui stationnait toujours auprès du château et se faire transporter de l'autre côté, sur le quai des Augustins. Là du moins on se trouvait avec ses pareils ; c'était le beau, le vrai Paris. Rabelais voulant une demeure pour son Pantagruel, ne la chercha point autre part ; il le loge à ce fameux hôtel Saint-Denis, sur l'emplacement duquel s'ouvrit, plus tard, quand le Pont-Neuf fut terminé, une partie des rues Christine, Dauphine et d'Anjou [1], et qui alors, en 1607, ne sera pas payé moins de 66,000 livres, somme énorme pour le temps. C'est là que Thoumast, « le sçavant homme, » trouve enfin Pantagruel. « De faict, arrivé à Paris, dit Rabelais [2], se transporta vers l'hostel dudict Pantagruel, qui estoit logé à l'hostel Saint-Denys, et pour lors se pourmenoit par le jardin avecques

blit au Louvre la *Monnaie du Moulin*. V. Déclaration tion royale du 30 mars 1640.

[1] De Lamare, *Traité de la Police*, t. Ier, p. 97.
[2] *Pantagruel*, liv. II, ch. XVIII.

Panurge, philosophant à la mode des péripateticques. »

Montaigne étant à Rome, et cherchant à établir une comparaison entre les plus beaux quartiers de la ville sainte et ceux de Paris, ne trouve à citer que le quai des Augustins et la rue de Seine : « C'est, dit-il, parlant de Rome, une ville toute cour et toute noblesse : chacun prend sa part de l'oisifveté ecclésiastique. Il n'est nulle rue marchande, ou moins qu'en une petite ville ; ce ne sont que palais et jardins. Il ne se voit nulle rue de la Harpe ou de Saint-Denys ; il me semble toujours être dans la rue de *Seine* ou sur le cai des Augustins à Paris[1]. »

Montaigne, sauf l'exagération de l'éloge qu'implique ici la comparaison, n'a pas tout à fait tort pourtant d'établir une similitude entre ces beaux quartiers de Rome et le quai des Augustins. Celui-là aussi, bien qu'il n'y eût pas encore de pont pour s'y rendre en venant du Louvre, bien qu'il fallût, pour y arriver, se servir d'un misérable bac, comme si l'on n'eût été qu'un croquant, celui-là, dis-je, était en effet le quartier de la cour et

[1] *Voyage de Montaigne*, in-12. t. II, p. 28.

de la noblesse. On n'y rencontrait que de nobles hôtels : au coin du quai et de la rue du Hurepoix, celui du marquis d'O, qui devint, plus tard, l'hôtel de Luynes et dont nous reparlerons quand il s'agira des troubles de la Fronde[1]. Dans la rue *Gilles-Cœur,* c'était l'hôtel du descendant du grand argentier de Charles VII ; au coin des Vieux-Augustins ; le célèbre hôtel d'Hercule, présent de Louis XII au cardinal Duprat, qui sut si bien lui faire honneur ; plus loin, tout au bout du quai, dans la rue de *l'Hirondelle,* c'était le petit logis galant de la duchesse d'Étampes.

Tout le xvie siècle courtisan et dameret était donc de ce côté. Brantôme, je gage, y demeurait aussi. C'est du moins sur le quai des Augustins, au sortir du Louvre, et sans doute en regagnant son hôtel, qu'il eut cette grande colère dont la cause était si futile, et dont les résultats auraient pu être si graves. Brantôme faillit se vendre à l'Espagne.

Il avait eu promesse de Henri III pour la survivance à la charge de sénéchal du Périgord, après la mort de son frère aîné André

---

[1] L'ambassadeur de Venise y logeait sous Henri IV. (*Journal* de L'Estoile, édition Michaud, t. II, p. 259.)

de Bourdeilles, qui en était possesseur. Le moment venu, le roi oublia la parole donnée. Brantôme alla s'en plaindre à lui-même, dans sa chambre ; Henri III lui fit des excuses ; il n'en tint compte, il sortit furieux du Louvre : « Sur ce, dit-il [1], je maugrée le ciel, je maudis ma fortune, je déteste la grace du Roy, je mesprise en haussant le bec aucuns maraux qui estoient pleins de fortune et bienfaicts du Roy qui ne les méritoient nullement, comme moy ; j'avois pour ce cas, à la seinture, pendue la clé dorée de la chambre du Roy : Je l'en detasche, je la prends et la gecte du gué (sic) des Augustins dans la rivière… Je n'entre plus dans la chambre du Roy, je l'abhorre et jure de n'y rentrer jamais. » Il part pour les villes de l'Ouest, résolu de les livrer au roi d'Espagne, il veut vendre ses biens et les donner tout entiers à l'ennemi de la France. Sur la route, son cheval s'emporte, le renverse, lui casse les reins, et il reste cloué quatre ans sur son lit de douleur, couvant toujours ce ressentiment furieux dont le quai des Augustins avait vu le premier accès. On a

---

[1] *Vies des Capitaines*, édition Monmerqué, t. IV, p. 106.

fouillé bien des fois le bras de la Seine qui coule au pied, on y a fait bien des trouvailles ; la clef d'or de Brantôme était-elle du nombre ? C'eût été pourtant la plus précieuse.

Quoiqu'il fût fort bien habité, ce quartier était très-dangereux à fréquenter la nuit, et on le comprendra sans peine. Défense était faite aux bateliers d'y passer personne, une fois le soir venu, sous peine d'amende et saisie de leur bac ; cet ordre, qui fut renouvelé par ordonnance de 1672, n'exceptait même pas les gens de cour. Il n'y avait pas encore pour eux de passeur privilégié ; ce ne fut que bien plus tard, en 1704, qu'un pareil emploi fut érigé en titre d'office. A la nuit tombante, il fallait donc, ou renoncer à gagner le quai des Augustins, ou se risquer sans crainte dans les cloaques et à travers les coupe-gorges de la Vallée de Misère, à moins de prendre par la rue Saint-Honoré : c'était le seul moyen d'arriver au Pont-au-Change. Les plus hardis s'en effrayaient. Aussi, quand on logeait au quai des Augustins, ou l'on rentrait de bonne heure, ou l'on ne rentrait pas du tout : on prenait gîte chez quelque baigneur de la rive droite.

Une nuit, Benvenuto fut forcé d'en courir l'aventure, mais il faillit s'en trouver mal. Le roi l'avait retenu assez tard au Louvre, afin de lui commander une salière d'or, pour laquelle il lui avait fait remettre aussitôt tout le métal nécessaire, « mille écus en vieil or et de bon poids. » Une foule de petits détails, la lenteur surtout du trésorier qui devait lui délivrer la somme et prendre son reçu, furent cause qu'il était trois heures de la nuit quand il se trouva dehors. Il logeait, on le sait, au Petit-Nesle ; il n'avait qu'à traverser la Seine ; mais le bac était depuis longtemps parti. Il fallut donc qu'il se décidât à gagner le Pont-au-Change, à traverser la Cité, le Pont Saint-Michel, pour revenir ensuite sur ses pas en longeant le quai des Augustins jusqu'à sa demeure. Son or était dans un solide panier à deux anses ; il portait lui-même une bonne cote de mailles à manches : il avait à son côté sa petite épée et son poignard, et, bien qu'il fût seul, bien qu'il eût même soupçon d'une attaque, certains chuchotements des valets du trésorier ne lui ayant pas échappé, il s'avançait sans crainte vers son dangereux quartier.

« Je marchai à grands pas, dit-il lui-même

dans ses *Mémoires*[1], et, après avoir traversé le Pont-au-Change, je suivis le long de la rivière un petit mur qui me conduisait à mon château.

« Bientôt je me trouvai en face des Augustins. Cet endroit était fort dangereux, bien qu'il ne fût situé qu'à cinq cents pas de chez moi ; mais comme il y avait encore la même distance à parcourir pour arriver à la partie habitée du château, on n'aurait point entendu ma voix si je me fusse mis à appeler.

« Je pris donc mon parti sans hésiter, quand je me vis attaqué par quatre bandits armés d'épées. Je cachai lestement mon panier sous ma cape ; je tirai mon épée, et, comme mes adversaires me serraient de près, je m'écriai : « Avec un soldat, il n'y a que
« la cape et l'épée à gagner, et, avant de
« vous les abandonner, j'espère que je vous
« forcerai à me les payer cher. »

« Tout en m'escrimant bravement contre eux, j'entr'ouvris plusieurs fois ma cape, afin que s'ils avaient été apostés par les valets qui m'avaient vu recevoir l'argent, ils pussent penser avec quelque raison que je ne l'avais

[1] Liv. V, ch. v, trad. de L. Leclanché.

point sur moi. Le combat ne dura pas longtemps. Ils reculèrent peu à peu, en se disant dans leur langue : — « C'est un brave Italien « et non celui que nous cherchons, ou si c'est « lui, il n'a pas les écus. » Je leur parlais italien, et je ne cessais de si bien frapper d'estoc et de taille, que peu s'en fallut que je ne tuasse plusieurs d'entre eux. L'habileté avec laquelle je maniais l'épée leur persuada sans doute que j'étais soldat, car ils se réunirent en groupe, se tinrent à distance et se consultèrent à voix basse dans leur langue, tandis que je leur répétais que s'ils voulaient mes armes et ma cape, ils ne les obtiendraient pas sans peine. En même temps, je pressai ma marche. Comme ils continuaient de me suivre à pas lents, mes appréhensions redoublèrent. Je craignais de tomber plus loin dans une embuscade : aussi, quand je ne fus plus qu'à cent pas du château, pris-je ma course à toutes jambes, en criant à tue-tête : — « Aux armes ! aux armes ! Alerte ! alerte ! « On m'assassine ! »

« Quatre de mes jeunes gens, armés de longues piques, accoururent aussitôt. Ils voulurent poursuivre les bandits, qu'ils apercevaient encore, mais je les arrêtai. — « Ces

« quatre poltrons, leur dis-je, n'ont pas été
« capables d'enlever à un homme seul ces
« mille écus d'or qui lui rompaient les bras.
« Débarrassons-nous d'abord de cette somme,
« puis je vous accompagnerai où vous vou-
« drez, avec ma grande épée à deux mains. »
Nous allâmes mettre mon argent en sûreté.
Mes jeunes gens, désolés du danger auquel
j'avais été exposé, me réprimandèrent affec-
tueusement : — « Vous avez trop de con-
« fiance en vous-même, me dirent-ils ; un
« de ces jours vous nous donnerez lieu de
« pleurer. » Pendant que nous échangions
quelques paroles à ce sujet, mes adversaires
s'enfuirent. »

Même de jour, quand on passait la Seine
en bac pour aller du Louvre sur le quai des
Augustins, il pouvait y avoir danger de guet-
apens. Le batelier, d'accord avec celui qui
vous tendait un piége, n'avait, au lieu de remonter le fleuve, qu'à se laisser aller à la dérive jusqu'au delà de la tour de Nesle, limite
de la ville. Il vous débarquait sur le Pré-aux-
Clercs, et là, surtout en temps de troubles,
vous étiez à la merci du premier venu qui
vous voulait du mal, en un tour de main
on pouvait vous enlever ; en un temps de

galop vous mener en quelque château, dont on levait la herse derrière vous, et où l'on vous gardait jusqu'à ce que vous ayez payé rançon. Plus d'un seigneur criblé de dettes ne prit pas d'autre moyen pour s'acquitter avec l'homme de finances son créancier. C'est aussi le tour qu'au temps de la Ligue, le duc d'Elbeuf joua au banquier Zamet, pour le forcer à payer les soixante-dix mille écus qu'il prétendait lui être dus par lui.

Ils avaient dîné ensemble, puis ils étaient allés chasser, soit dans les petites îles des *Bureaux* ou du *Passeur,* soit encore derrière Notre-Dame. C'était un usage du temps, qui ne s'était même pas perdu sous Louis XIV, comme on le sait par un passage des *Historiettes* de Tallemant[1], et surtout par ce qui arriva à M. de Rancé, chassant aux hirondelles sur le terrain de Notre-Dame. Des chasseurs, qui étaient de l'autre côté de l'eau, tirèrent sur lui, et il ne dut la vie qu'à la chaîne d'acier de sa gibecière.

M. d'Elbeuf aurait bien voulu pouvoir entraîner Zamet dans une partie de chasse plus sérieuse, c'est-à-dire hors des murs, en

[1] T. X, p. 143.

rase campagne. Il n'y put réussir. On revint souper chez le financier, qui logeait, comme on sait, près de la Bastille, rue de la Cerisaie, dans ce grand hôtel qui passa plus tard aux Lesdiguières, et fut remplacé par la rue à laquelle ceux-ci laissèrent leur nom [1].

Le repas fini, comme la nuit n'était pas encore venue, M. d'Elbeuf, ne perdant pas l'espoir de faire tomber Zamet dans son piége, lui proposa d'aller faire visite à M. de Mayenne. Il habitait alors l'hôtel de Nevers, c'est-à-dire entre les Augustins et la porte de Nesle, presque en face de l'endroit où comme de jeunes ruines, s'élevaient les arches inachevées du Pont-Neuf. Zamet ayant accepté, ils prirent une barque. Quand ils furent au milieu du fleuve, M. d'Elbeuf dit au batelier de les mettre au Pré-aux-Clercs. Le financier s'étonna; mais la barque descendait toujours et gagnait la rive : Zamet n'était pas revenu de sa surprise, que déjà il était mis à terre, placé sur un cheval et emporté au galop. Il avait voulu résister, il avait demandé la raison de tout cela; mais on lui avait répondu qu'il n'était pas

---

[1] *V.* nos *Énigmes des rues de Paris*, p. 123. Paris, E. Dentu, 1860, 1 vol. in-18.

temps de s'en enquérir ni de disputer, et qu'il montât à cheval, ou que mal lui en prendrait.

« Quelque trois ou quatre jours se passèrent sans en ouïr nouvelles, lisons-nous dans le *Journal de la Ligue*[1] ; mais on sut qu'il (le duc d'Elbeuf) l'avoit mené à Anet, où, après plusieurs allées et venues des amis du sieur Zamet, il sortit ayant payé, ou du moins fort bien assuré ladite partie, moyennant quarante mille écus comptants, et le reste en bagues pour nantissement, ou, par faute de les retirer dans le temps promis, elles demeureroient audit sieur d'Elbeuf pour le prix et la prisée de l'estimation qui en fut lors faite. »
De pareils accidents, qui n'eussent point eu lieu si le Pont-Neuf, alors inachevé, eût empêché qu'on se trouvât ainsi à la merci d'un batelier, pouvaient donc, au besoin et comme raisons subsidiaires, plaider en faveur de son établissement. Mais, par bonheur, les raisons importantes ne manquaient pas pour en prouver la nécessité. Il ne suffisait que de faire valoir la difficulté qu'il y avait alors à faire communiquer entre elles les diverses

---

[1] *Journal de la Ligue*, Revue rétrospective, 31 juillet 1837, p. 116-117.

parties de la ville, dont l'importance s'accroissait chaque jour. Il était presque impossible, grâce aux détours qu'il fallait faire, que les quartiers du Nord entretinssent des relations suivies avec ceux du Midi : « Car, dit Du Breul, pour passer des fauxbourgs Saint-Germain vers le Louvre, qui est de l'autre costé de l'eau, il falloit remonter, le long de l'eau, jusques au pont Saint-Michel, et, l'ayant passé avec le Pont-au-Change, il falloit de rechef faire encore autant de chemin, et descendre le long de la rivière jusques au Louvre. D'abondant les carrosses et charrettes faisoient encore plus long chemin : car ils remontoient jusques au pont Nostre-Dame pour retourner, par aprez, là où à présent tous les carrosses et chevaulx passent sur ledict pont commodément. »

En 1556, ces raisons, qui faisaient voir jusqu'à l'évidence tout ce que l'établissement d'un nouveau pont avait d'indispensable, furent exposées et admises. Les habitants du faubourg Saint-Germain et ceux de l'Université furent les premiers à faire la demande, et à représenter par lettres au roi combien il *serait expédient* de faire ce pont entre le Louvre et l'hôtel de Nesle. Henri II fit venir le prévôt

des marchands[1], lui donna connaissance de cette requête, et lui dit qu'il fallait y faire droit, mais aux frais de la ville. Le prévôt se récria, objecta le manque d'argent, prétendit aussi que la construction causerait de grands embarras à la navigation, enfin fit avorter le projet. Ses conclusions avaient été celles-ci :
« Ceux qui ont besoin du pont demandé peuvent bien le faire construire à leurs frais. »

Vingt ans plus tard, c'était le prévôt des marchands qui venait lui-même, tant il y avait urgence alors, demander la mise à exécution du projet si durement repoussé d'abord. Henri III l'écouta, le Pont-Neuf fut commencé, puis abandonné pour être repris encore, et enfin achevé à travers mille vicissitudes dont nous allons faire le récit.

[1] Il devait toujours être consulté quand il s'agissait de la construction des ponts. (Leroux de Lincy, *Histoire de l'Hôtel de Ville*, p. 34-35.)

III

Comment le Pont-Neuf fut d'abord projeté au bout de la rue de *l'Arbre-Sec.*—Le duc de Nevers s'y oppose.—Pourquoi. — Spifame et ses utopies en *ordonnances*, sous Henri II. — Il veut mettre le Pont-Neuf où est le Pont-des-Arts.— Premiers travaux, en 1578.— Quel est le Du Cerceau qui les dirigea. — Son histoire.

Si Henri III eut une seule des qualités qui conviennent à un roi, ce fut certainement la magnificence en toute chose, et surtout dans les constructions. Il était en cela le digne imitateur de sa mère, à qui l'on devait déjà les Tuileries et l'hôtel de Soissons, et, par là, il était aussi comme prédestiné à faire ce que, par manque d'argent, son père, le roi Henri II, n'avait pu accomplir.

La construction du pont tant désiré en 1556, et si nécessaire, en effet, fut une de ces entreprises négligées par le père, et mises par le fils en voie d'achèvement. Il est vrai qu'en 1578, lorsque ce projet fut repris à la prière de ceux mêmes qui l'avaient d'abord repoussé, l'exécution en était devenue tout à fait indispensable, non-seulement pour les raisons que nous avons déjà exposées, mais pour d'autres encore qui n'étaient pas moins pressantes. Il était, par exemple, impossible de faire supporter plus longtemps au Pont-au-Change et au pont Notre-Dame, surchargés déjà par la masse de leurs propres maisons, le poids des lourds chariots qui passaient continuellement d'une rive à l'autre. Ils en avaient été tellement ébranlés, que de peur de les voir crouler l'un ou l'autre, comme cela était arrivé sous Louis XII pour le pont Notre-Dame[1], on était obligé de ne plus laisser circuler sur leurs arches chancelantes « les charrois et l'artillerie, » mais

[1] Pour la chute du pont Notre-Dame, en 1499, et sa reconstruction achevée en 1510, *V.* la *Bibliothèque de l'École des Chartes*, 2ᵉ série, t. II, p. 32-51.

d'employer, pour le transport de ces lourds fardeaux, des bacs fort dangereux et tout à fait insuffisants.

La construction du pont une fois arrêtée, « pour le soulagement des ponts Notre-Dame et au-Change[1] » mille embarras commencèrent. Où devait-on le bâtir ? Avec quel argent subviendrait-on à cette énorme dépense ? Ce fut la seconde question qui fut résolue la première. On décida qu'il serait mis un impôt d'un sol pour livre sur les tailles des provinces de Bourgogne, Champagne, Normandie et Picardie ; et cela convenu, on passa outre à la question de l'emplacement à choisir.

D'abord, selon Sauval, on eut l'idée de *planter* le pont vis-à-vis de la rue de *l'Arbre-Sec*[2]. C'était une des plus fréquentées de Paris, elle était assez rapprochée du Louvre, et elle avait entre autres avantages, celui de mettre le quai de *l'École* en communication directe avec la rue *Saint-Honoré*. On l'aurait terminée par une belle place qui eût beau-

---

[1] Ce sont les termes des lettres patentes. (Félibien, t. V, p. 7, A.)

[2] *V.* sur l'origine de ce nom, nos *Énigmes des rues de Paris*, p. 300.

coup ajouté à la commodité de son abord; puis on l'aurait prolongée, au delà du pont, par une grande rue qui eût gagné en droite ligne le palais Médicis (le Luxembourg) et l'hôtel de Condé.

Les experts nommés étaient d'un avis pareil, ou peu s'en faut : ils proposaient de jeter le pont entre *l'arche dorée,* placée au bas du Petit-Bourbon, et l'hôtel de Nesle[1].

Un caprice du duc de Nevers fit tout changer dans ces projets si bien conçus.

C'est à lui qu'appartenaient les terrains et bâtiments du vieil hôtel de Nesle, que son père avait achetés du roi en 1552. Son rêve, depuis de longues années, était de se bâtir un beau palais à la place de cette grande demeure en ruine. Il en avait même déjà fait jeter les fondations, suivant un plan qui plaçait la principale façade à la hauteur du pont projeté, et, par conséquent, dans l'axe même de la rue qui devait prolonger celle de *l'Arbre-Sec* au delà de la Seine. Ainsi, sa construction tant rêvée se trouvait par avance mise à néant. Il voulut prévenir ce danger. Son influence dans les conseils du roi était grande :

---

[1] Jaillot, *Recherches sur Paris, Quartier de la Cité,* p. 182.

il en usa pour faire avorter, au profit du sien, le projet adopté par les architectes royaux. Il finit par obtenir que le pont serait bâti à quelque cent toises du premier emplacement choisi, en remontant la Seine ; c'est-à-dire, d'un côté, à la hauteur de la ruelle du *Port-au-Foin* devenue la rue de la Monnaie[1]; et de l'autre, en face de l'allée servant d'entrée au grand jardin de l'hôtel Saint-Denis ; ce qu touchait de près les Augustins et les menaçait du même danger dont le duc de Nevers sauvait ainsi son palais. Lorsqu'il s'agira de percer la rue Dauphine, nous verrons les bons moines se plaindre à leur tour et réclamer hautement contre cette voie, qui viendra, sans dire gare, couper et morceler leur enclos ; mais il ne sera plus temps alors; Henri IV sera roi, et le Pont-Neuf sera bâti.

Par l'abandon du premier projet, on perdait certainement plus d'un avantage : « L'abord du pont, par exemple, auroit été, comme dit Sauval, tout autrement agréable et plus superbe. » Sa communication avec le centre de Paris aurait été aussi bien mieux ouverte par la rue de *l'Arbre-Sec* qu'elle ne

---

[1] Jaillot, *Rech. sur Paris, Quartier de la Cité*, p. 182.

le fut d'abord par la rue de *la Monnaie*, celle-ci devant rester plus de cent ans encore sans débouché vraiment utile, puisque la rue du Roule, qui la relie à la rue Saint-Honoré, fut ouverte seulement en 1691 ; mais, en revanche, on y gagnait de le rapprocher davantage de la Cité, et l'on rendait plus naturelle et plus possible la réunion des deux îlots à la grande île.

Je ne sais si cette réunion, ou pour mieux dire cette soudure des trois îles se trouvait comprise dans le premier projet conçu sous Henri II, mais ce qui est certain, c'est qu'alors déjà un homme en avait eu la pensée : cet homme est Raoul Spifame, l'esprit peut-être le plus original et le plus créateur de cette époque.

Tout ce qui pouvait s'imaginer alors d'innovations et d'améliorations, Spifame l'avait rêvé, et l'idée lui étant un jour venue de donner un corps, une réalité à ces rêves, il se mit, par une dernière inspiration, aussi neuve que le reste, à formuler en arrêts royaux ce qui n'existait que dans son cerveau, ce qui n'était décrété qu'en vertu de son bon plaisir de rêveur. Le roi alors régnant, Henri II, endossa, sans le savoir, tous ces édits imaginaires qui, pour la plupart, lui eussent fait plus d'honneur que ceux qu'il promulgua et fit exécuter réellement. Le recueil de Spifame porte ce titre au moins étrange : *Dicœarchiæ Henrichi regis christianissimi progymnasmata,* et je vous jure qu'il contient plus de sagesse en son petit volume in-12 que maint gros *Codex* in-folio. Il arrive même souvent que l'édit chimérique cache sous sa formule plus d'un reproche indirect contre le roi, qui laissait à l'état de simple espérance ou de rêve dans l'esprit de l'utopiste tout ce dont un bon décret, par lui promulgué, aurait dû depuis longtemps faire une réalité.

Le projet de construction du Pont-Neuf est dans ce cas. Nous savons comment Henri II, malgré son désir de le mettre à exécution, ne sut pas se rendre maître des obstacles qui l'en empêchaient. Spifame le reprend au moment où sa main impuissante le laisse échapper ; et, hardi comme peut l'être tout utopiste qui du moment qu'il projette peut aussitôt exécuter aussi gratuitement, il se met à décréter l'entreprise dont les dépenses ont si fort effrayé le roi et le prévôt.

Il a tout rêvé, tout prévu, et il décrète.

tout. Il lui semble bon d'unir ensemble l'île Bussy et la grande île de la Cité, qui, se prolongeant ainsi l'une par l'autre, viendront aboutir au milieu du nouveau pont, et il fait de ce détail l'un des points principaux de son arrêt. La dépense toutefois eût été très-forte ; car, suivant à peu près la première idée qui sera émise sous Henri III, et que M. de Nevers combattra victorieusement, il veut le nouveau pont non pas en face de la rue de la Monnaie, non pas même devant la rue de l'Arbre-Sec, mais vis-à-vis du Louvre, qui se fût ainsi rattaché à la tour de Nesle. Spifame rêve le Pont-Neuf à la place du Pont-des-Arts. Qu'on juge alors de l'immense étendue d'eau qu'il eût fallu combler pour prolonger jusque-là les terres de l'île Bussy. Que lui importe ! c'est en rêveur qu'il projette et qu'il calcule. D'ailleurs, comme il veut faire de l'îlot prolongeant l'île de la Cité une place pour les joutes, il aura ainsi une plus vaste arène, ce qui le dédommagera bien de la dépense.

Il passe donc outre à toutes ces difficultés, et voici le bel arrêt qu'il promulgue à propos de tout cela, et toujours sous le nom de

Henri II; c'est le quarantième de son recueil[1] :

« Le roy, voulant exercer aux armes la jeunesse de ses gentilshommes et noblesse..., a ordonné et ordonne que, par toutes les villes de son royaume, terres et pays de son obéissance, seront dressées et érigées lices pour jouptes à la lance, au lieu et endroict le plus convenable qui sera trouvé, signamment en sa dicte ville de Paris, en l'isle de son palays, en derrière du jardin, en l'estendue de sa dicte isle, laquelle sera esdifiée et bornée tout à l'entour de quay de pierres de taille, et sera prolongée jusques au pont nouveau que ledict sieur roy a ordonné estre faict pour aller de son chasteau au Louvre, traversant la rivière, jusques à l'hôtel de Nesle, et tellement rehaussée qu'elle ne puisse aultrement être surmontée ne couverte de ladicte rivière, au temps des grandes eaux, et, jusques à ce que lesdictes prolongations et rehaussements soyent faictz, a inhibé et deffendu, inhibe et deffend ledict seigneur à tous tumberiers, chartiers et porteurs de vuidanges qu'ils n'ayent à en porter ailleurs, sur peine de confiscation de leurs chevaulx

[1] Feuillet 68.

et tomberaulx, pour ce faict l'entrée et yssue des dictes lices, et lices estre prinses et adressées par le meilleur dudict pont nouveau, qui sera doresnavant le passage ordinaire dudict sieur roy, allant de son dict chasteau en son dict palays, en revenant d'iceluy palays en son dict chasteau, sans préjudice des portz et passages que l'on fera le long dudict quay, tant devers ledict Louvre que devers les Augustins, pour y entrer et sortir par eau, et sur les deux costez dudict quay seront dressées galleries couvertes pour y recevoir par hault les spectateurs sans estre en danger des chevaulx, au dessous desquelles galleries seront faictz estables sans incommoder les dictz portz et passages. »

L'idée de placer le nouveau pont entre le Louvre et l'hôtel de Nesle concordait, dans l'esprit de Spifame, avec un autre projet qu'il a émis dans son *dixiesme arrest royal*, et que l'établissement du collége Mazarin dans le palais devenu depuis l'Institut, a pour ainsi dire réalisé au XVIIe siècle. Notre utopiste voulait, en effet, faire du vieil hôtel de Nesle le véritable palais de l'Université, et le rendre ainsi digne de communiquer par un pont avec le Louvre, son superbe voisin d'outre-Seine : « La conservation des priviléges de l'Université de Paris, dit-il, commise ou desputée au prévost de Paris ou son lieutenant conservateur, sera translatée en l'hostel de Nesle, où autrefoys elle a esté tenue. »

Sauf ce détail, sauf encore l'idée d'établir une lice pour la joute sur le terrain de la petite île qui a vu le supplice des Templiers et qui est devenue notre place Dauphine, le pont rêvé par Spifame, sous Henri II, est tout à fait celui dont nous avons laissé les architectes de Henri III discuter tout à l'heure les dépenses et l'emplacement. L'un des meilleurs et des plus savants esprits du dernier siècle, Secousse, va même jusqu'à penser, dans le travail qu'il a consacré à l'étonnant rêveur[1], que, si l'on imagina de réunir les trois îles, dont la plus avancée fut pour ainsi dire enfourchée par le nouveau pont, c'est à Spifame et à l'initiative de son chimérique décret qu'en était due l'ingénieuse idée.

En 1578, les travaux commencèrent sérieusement, non pas au mois de mai, comme

[1] *Mémoires de l'Académie des Inscriptions*, t. XXIII, p. 176.

on l'a écrit partout, mais au mois d'avril. C'est du côté des Augustins, dans le petit bras de la Seine, dont les eaux moins profondes rendaient le travail plus facile, que l'on posa les assises de la première pile :

« Je croy, dit Du Breul[1], qui, presque contemporain de tous ces faits, mérite plus que tout autre historien d'être invoqué à leur sujet, je croy que l'on commença dès le 24e jour du moys d'avril à fouiller les fondements de cette pile, veu que l'auteur de l'*Inventaire de l'histoire journalière* a escrit avoir recueilli de l'*Histoire de France* que, dès ce jour, on commença à bastir ce pont. »

Ici Du Breul est d'accord avec L'Estoile, qui écrit aussi, sous la date d'avril 1578[2] :

« Dans ce mesme moys, à la faveur des eaux qui lors commencèrent et jusques la Saint-Martin continuèrent d'estre fort basses, fut commencé le Pont-Neuf de pierres de taille qui conduit de Nesle à l'escole Saint-Germain, sous l'ordonnance du jeune Du Cerceau, architecte du roy, et la surintendance de Christophe de Thou, premier pré-

---

[1] *Théâtre des Antiquités de Paris*, liv. Ier, p. 125.
[2] Édit. du *Panthéon littéraire*, t. Ier, p. 244.

sident, Pierre de Séguier, lieutenant civil, Jean de la Guesle, procureur général, et Claude Marcel, surintendant des finances, et furent en ce même an, les quatre piles du canal de la Seine, fluant entre le quay des Augustins et l'isle du palays, levées environ une toise chascune, par dessus le rez de chaussée, les deniers furent pris sur le peuple, par je ne sais quelle crue ou dacte (sic) extraordinaire, et disoit-on que la toise de l'ouvrage coûtoit 85 livres. »

Ajoutez à ce dernier fait ce que dit Jaillot[1] sur le prix de la pierre à bâtir, qui se payait alors environ 180 livres la toise cube, et vous pourrez à peu près évaluer l'énorme dépense dans laquelle, pour les matériaux comme pour la main d'œuvre, la nouvelle construction allait entraîner le roi. Mais ce n'est pas là le seul détail de la citation de L'Estoile sur lequel il nous faut insister.

Du Cerceau y est désigné comme architecte du nouveau pont, et tout le monde, à ce seul nom, a cru reconnaître Jacques Androuet Du Cerceau, à qui, en effet, depuis deux siècles et demi, une erreur courante

---

[1] *Quartiers de Paris*, t. Ier, p. 181.

a fait attribuer cette construction. Ce n'est pas à lui pourtant qu'elle est due[1], c'est à un autre Du Cerceau, portant le prénom de Jean-Baptiste, frère puîné, ou plus probablement encore, neveu de Jacques, mais à coup sûr huguenot comme lui.

Jacques était trop vieux en 1578 pour entreprendre un pareil ouvrage. L'année suivante, publiant le second volume *des plus excellents bastiments de France* qu'il avait fait longtemps attendre, il s'excusa de cette lenteur sur son grand âge : « La vieillesse, dit-il, ne me permet pas de faire telle diligence que j'eusse faite autrefois. » Quatre ans après, en 1582, il parle encore de « ses vieux ans » dans l'*Epistre au Roy* qui précède son *Traité d'architecture*.

Baptiste avait pour lui plus de jeunesse et un talent qui ne paraît pas avoir été inférieur à celui de l'autre. L'Estoile qui, pour le distinguer a eu bien soin de l'appeler le *jeune*[2], dit ailleurs que c'était un « homme excellent et singulier dans son art. » Henri III l'avait en grande estime, et l'em-

---

[1] A. Berty, *les Androuet Du Cerceau;* Paris, 1857, in-8°, p. 8.

[2] *Journal* de L'Estoile, édit. Michaud, t. II, p. 193.

ployait pour tous ses bâtiments, même religieux. En cela Baptiste Du Cerceau ne mettait pas plus de scrupule à obéir que le roi à commander, et l'on riait souvent à la cour de cette mutuelle complaisance de conscience. « C'estoit, lisons-nous, à propos de Baptiste, dans les *Mémoires* du duc de Nevers[1], un jeune garçon fils de Du Cerceau, bourgeois de Montargis, lequel a esté le plus grand architecte de nostre France...... Le reproche que l'on pourroit faire que Sa Majesté se seroit servy de ce petit homme ne pourra pas faire accroire qu'elle fust huguenotte, car je dirai avec vérité que ledit Du Cerceau a bien fait pénitence en sa charge, ayant fait plus de pourtraits de monastères, églises, chapelles, oratoires et autels pour dire la messe, que jamais architectes en France en aient fait en cinquante ans.....Et de fait il ne bougeoit ordinairement d'avec les capucins, minimes, feuillants, jésuites et autres religieux et prestres, avec lesquels Sa Majesté lui avoit commandé de conférer pour dresser les bastiments et églises à leur commodité. »

Les remords prirent enfin Baptiste Du

---

[1] In-fol., t. II, p. 28.

Cerceau. C'était en 1585, et par conséquent assez tard comme vous voyez. Il avait alors qualité « de vallet de chambre du roy, et ordonnateur général des bastiments de Sa Majesté; » et il touchait pour cela 6,000 livres d'appointements[1]. Henri III, qui venait de faire acquisition de la maison destinée par lui aux religieux Feuillants, avait chargé Baptiste du soin de la disposer à leur convenance[2], lorsque celui-ci faussa tout à coup compagnie. L'acte par lequel le roi lui donne cette nouvelle entreprise est du 7 novembre[3], or, sous la date du mois suivant, L'Estoile nous apprend que Baptiste a tout laissé. Les nouveaux clients qu'on lui a donnés auront exigé qu'il allât, comme eux, à la messe, et, forcé d'opter, son choix a été pour le devoir, pour sa croyance. « Il aima mieux, dit L'Estoile[4], enfin quitter et l'amitié du roy et ses biens que de retourner à la messe: Et, ajoute-t-il, aprez avoir laissé là sa maison qu'il avoit nouvellement bastie

---

[1] G. Brice, *Description de la ville de Paris*; t. IV, p. 159.

[2] Archives de l'Empire, S. 4,165-6.

[3] G. Brice, *ibid.*

[4] Édit. Michaud, t. II, p. 193.

avec un grand artifice de plaisir au commencement du Pré-aux-Clercs[1], et qui fust ruinée sur lui, prist congé de Sa Majesté, la suppliant ne trouver mauvais qu'il demeurast aussi fidèle au service de Dieu, qui estoit son grand maistre, comme il avoit toujours esté au sien, en quoi il persévèreroit jusqu'à la fin de sa vie. »

Entre autres travaux que Baptiste abandonnait ainsi, était la construction du Pont-Neuf, dont on n'avait pas cessé de s'occuper activement.

---

[1] *V.* sur cette maison, nos *Variétés historiques et littéraires*, t. IV, p. 121, et Berty, *les Androuet Du Cerceau*, etc., p. 9-12.

IV

Henri III pose la première pierre. — Pourquoi le Pont-Neuf pourrait s'appeler le pont des Pleurs.—Passerelle du Louvre au quai des Augustins.—Les masques de Germain Pilon. — Interruption des travaux. — Regrets de Montaigne. — Pont provisoire du quai des Augustins à l'île de la Cité. — Les bandits irlandais dans les niches du Pont-Neuf inachevé. — Meurtres qu'ils commettent.—Comment chassés de Paris.— Henri IV et le *passeur* du Louvre.—Reprise des travaux.— Un impôt sur le vin les paye.—Les architectes Marchand et Petit.—Fin des travaux du pont.—Le roi le traverse le premier. — Projet d'y bâtir des maisons. — Pourquoi on l'abandonne.— Dernier et terrible duel sur l'île aux Treilles. — La *place Dauphine* : pourquoi bâtie et sur quel terrain. — Le *quai du Louvre* : par qui construit. — Les chantiers du *pont de l'École.*— Henri IV et les Augustins.— La rue *Dauphine.*

Un mois après que les fondations de la première pile eussent été commencées, le roi était venu en grande cérémonie poser la première pierre à fleur d'eau.

« C'estoit, dit Du Breul, le samedy dernier de may, en l'an 1578. »

Ce jour-là même, Henri III avait fait inhumer en l'église Saint-Paul les corps de Quélus et de Maugiron ; il avait vu de ses fenêtres passer le lugubre convoi, et le reste de la journée s'était pour lui consumé dans les larmes. Le soir venu, il était descendu du Louvre avec les deux reines, Catherine de Médicis, sa mère, et Louise de Vaudemont, sa femme, et montant avec tout son cortége dans une barque magnifiquement ornée, il s'était dirigé vers le quai des Augustins, où on l'attendait pour la cérémonie. Voyant cependant ce roi si pâle au milieu de tout cet éclat, si triste au sein de cette fête, on se disait déjà dans la foule qu'on devrait donner au nouveau pont le nom de pont des Pleurs.

Sous la pierre, on plaça des pièces d'argent et de cuivre doré pesant environ trois ou quatre testons, sur lesquelles étaient gravés les portraits du roi et des reines ; puis « laditte pierre estant assise, dit Du Breul, on présenta au roy une truelle d'argent, avec laquelle il print du mortier en un plat (aussi d'argent) et le jetta sous laditte pierre... [1] »

Tout marcha et s'éleva d'abord comme par enchantement, c'est-à-dire avec une célérité qui pouvait passer pour merveilleuse à cette époque, mais qu'aujourd'hui toutefois on traiterait de lenteur désespérante. A la fin de 1578, les quatre premières piles saillaient d'une toise au-dessus de l'eau. Au mois de juin suivant, elles atteignaient l'imposte, et l'on parlait déjà de faire les cintres des arches depuis les Augustins jusqu'à l'île.

Henri III pourtant n'était pas satisfait, tant il avait hâte de voir achever ce pont, qui devait ouvrir un si commode passage à ses processions de pénitents se rendant du Louvre à son cher couvent des Augustins. Une fois, son impatience fut si vive qu'en plein mois de janvier, alors que le fleuve charriait des glaçons à plein canal, il fit jeter un pont de

---

[1] On trouve quelques autres détails dans le *Journal historique* de P. Fayet, dont M. Victor Luzarches a donné en 1852 une excellente édition (Tours, in-12, p. 9) : « Le dernier jour de may, y lit-on, fust commencé un pont devant les Augustins ; le roy posa la première pierre, au premier pillier, du costé desdits Augustins, en laquelle pierre sont engravées les armes du roy, de la royne sa mère, et de la ville. »

bois qui allait de l'une à l'autre rive, en s'étayant tant bien que mal sur les pierres boiteuses des piles inachevées. C'est sur cette périlleuse passerelle que toute la cour, le roi en tête, se rendit aux Grands-Augustins pour assister à la magnifique fête donnée en l'honneur du nouvel ordre du Saint-Esprit.

Ce n'était là que l'ombre, le squelette du Pont-Neuf, et c'était pourtant aussi tout ce que son fondateur devait en voir. Il était dit que Henri III ne le franchirait que cette seule fois, et qu'il ne le verrait pas achever.

Quand toute la partie qui touche aux Augustins fut à peu près terminée ; quand sur l'autre bras, devers la Mégisserie, les piles commencèrent à poindre à fleur d'eau ; quand enfin, sur le quai avoisinant la Sainte-Chapelle, une rue toute neuve, destinée à embellir et à rendre praticables les abords du nouveau pont, la rue Saint-Louis, eut été ouverte sur l'emplacement des demeures canoniales, les troubles survinrent, la Ligue triomphante dressa ses barricades et le roi dut partir.

Encore un peu pourtant, et l'entreprise qu'il avait tant choyée, dont il avait si impatiemment pressé les travaux, allait toucher à sa fin. Le sculpteur appelé à compléter et à parfaire l'œuvre du bâtisseur était déjà à l'œuvre dans quelques parties : c'était Germain Pilon. Quelques-uns des masques qui ornaient les consoles du Pont-Neuf et qui ont servi de modèles à ceux qu'on y voit aujourd'hui ont pris la vie sous son ciseau. Sauval, du moins, qui suivait en cela une vieille tradition, n'hésite pas à les lui attribuer. Il trouve dans le mérite de leur exécution la preuve évidente de cette origine : « Il n'est, dit-il, aucun savant qui ne fasse grand cas de cette belle union de masques, de consoles et de corniches, et jamais presque ne regarde ce pont sans les considérer. » Il en remarque surtout une vingtaine, et ce sont ceux-là qu'il attribue à Germain Pilon. « Si, dit-il alors, ce pont eût été achevé, Pilon, qui a conduit ces bons masques, auroit continué les autres tout de même. »

Germain Pilon, comme on sait, mourut en 1590, et alors, depuis plus d'une année déjà, les travaux du pont qu'il était appelé à embellir avaient été interrompus. Ce n'est pas la Ligue, bien qu'elle fût maîtresse de Paris, ce ne sont pas les Seize, ce n'est pas non plus le duc de Mayenne, qui pouvaient songer à les reprendre. Tout resta donc comme Henri III fuyant l'avait laissé.

Ceux qui aimaient Paris et se faisaient une joie de le voir s'embellir, eurent un vrai chagrin de cette interruption, d'autant que rien ne leur faisait prévoir quand les travaux pourraient reprendre. Montaigne dont on sait l'affection pour cette ville, « la gloire de la France, dit-il, et l'un des plus nobles ornements du monde, » ne put retenir à ce propos l'expression de son regret : « La fortune, écrit-il au IIIe livre des *Essais*[1] qui parut en 1588, c'est-à-dire dans un moment de trouble où l'on avait le moins à espérer la reprise de cette construction, la fortune m'a faict grand desplaisir d'interrompre la belle structure du Pont-Neuf de nostre grande ville, et m'oster l'espoir, avant mourir, d'en veoir en train le service. »

Afin de rendre du moins utile à quelque chose la partie presque achevée, qui allait du quai des Augustins jusqu'à l'îlot des Juifs, nouvellement relié à la grande île du Palais, on jeta sur le cintre des arches un tablier volant fait de planches et de poutres. Une

---

[1] Ch. VI, au commencement.

sorte de communication provisoire fut ainsi établie, à la grande joie des gens de la Basoche, entre les ombrages de l'île du Palais et les vertes saussaies qui bordaient la plage du quai des Augustins[1]. Jamais ils n'avaient été à pareille fête, si ce n'est dans les occasions très-rares où les eaux devenaient assez basses pour permettre, comme en janvier 1591 [2], d'aller à pied sec du quai des Augustins dans l'île.

Il fallait, pour s'aventurer sur le pont improvisé, ne pas manquer de hardiesse, la nuit surtout. Alors, en effet, aux périls de son plancher branlant, s'ajoutait le danger

[1] Le soir, cette plage sablée et ombragée de saules, était le rendez-vous et le promenoir des gens de robe. Voici ce que nous lisons à ce sujet dans une curieuse lettre publiée dans la *Bibliothèque des Romans* (août 1786, p. 149), et traitant, d'après les documents inédits, de quelques particularités de la vie de Diane de Poitiers : « Elle alloit quelquefois causer avec ces hommes de bien (Tiraqueau et Michel de l'Hôpital) sur le quai des Augustins, où ils se rendoient dans l'été, pour respirer un peu sur le soir, en robe et en bonnet carré, après avoir travaillé tout le jour, ayant le dos tourné vers la rivière, et devisant familièrement avec les passants. »

[2] L'Estoile, édit., Michaud, t. II, p. 41.

des bandits, qui étaient venus s'y établir et qui s'étaient fait une sorte de repaire des profondeurs ouvertes et béantes çà et là sur la surface des piles inachevées.

Toute une colonie d'Irlandais, mendiants et *belistrants,* pour nous servir d'un mot de l'époque, s'en étaient fait un asile. Ils se disaient chassés de leur île natale pour cause de religion, et criaient bien haut qu'ils étaient martyrs de la foi catholique[1] ; mais, la nuit venue, ils n'en faisaient pas moins d'assez mauvais coups. Peut-être, en agissant ainsi, pensaient-ils ne s'en prendre qu'à la race huguenote, qu'on leur avait dit être si nombreuse et si dangereuse en France, et alors ils se comptaient comme autant d'œuvres pies chaque volerie et chaque assassinat. Un passage rarement cité de la *Confession de Sancy* leur en fait du moins l'ironique reproche.

« Et quant à ceulx-là, y est-il dit, qui se

---

[1] C'est la présence des Espagnols à Paris qui y avait attiré cette colonie des gueux d'Irlande. Dès 1579, en effet, l'île catholique s'était faite l'alliée de l'Espagne, et espérait en Philippe II, pour être délivrée de la domination d'une souveraine protestante. (De Thou, t. III, lib. LXVIII, p. 352.)

logeoient dans les niches du Pont-Neuf, lors non achevé, et qui au soir et la nuit prenoient par un pied ceux qui passoient sur le pont, et les ayant précipitez et dépouillez, les jettoient dans l'eau ; et ceulx-là, si l'on faict quelques difficultés de les sanctifier, il faut avoir égard s'ils présupposoient ne faire mal qu'à des hérétiques. »

En 1602, bien que les troubles qui avaient longtemps servi comme de prétextes et de voiles à leurs attentats eussent enfin cessé, on les retrouvait toujours dans leurs repaires accoutumés. Selon d'Aubigné[1], ils « emplissoient et *infectoient* Paris ; » et, plus d'une fois encore, on les avait trouvés « faisant des voleries et égorgeant quelques passants sur le Pont-Neuf. »

Il fallut quatre ans encore pour que pleine justice fût faite de ces dangereux mendiants. Enfin un jour, on les mit pêle-mêle sur des bateaux, on les laissa s'en aller à la dérive, et il n'en fut plus parlé : « Le samedy (2 mai 1606), dit L'Estoile, furent mis hors de Paris tous les Irlandois, qui estoient en grand nombre, gens experts en fait de gueuserie, et excellents en cette science par-dessus tous

---

[1] *Histoire universelle*, liv. V, ch. xv.

ceulx de cette profession, qui est de ne rien faire et de vivre aux dépens du peuple, et aux enseignes du bonhomme Peto d'Orléans ; du reste, habiles de la main et à faire des enfants de la maignée, desquels Paris est tout peuplé. On les chargea dans des bateaux, conduits des archers, pour les renvoyer par delà la mer d'où ils estoyent venuz. Belle décharge pour la ville de Paris, de longtemps attendue, mais différée à perpétuité, comme sont ordinairement les bonnes reigles et polices concernant le bon et le salut du peuple[1]. »

Quand, en 1606, les Irlandais furent ainsi *deschassez,* comme dit d'Aubigné, le Pont-

---

[1] L'Estoile, édit. du *Panthéon*, t. II, p. 398. C'est à François Miron qu'on dut cette exécution, dont la ville lui fût très-reconnaissante. (Félibien, *Preuves*, t. II, p. 34, 35.) — Ces mendiants et leurs mantes *hibernoises* restèrent célèbres chez le peuple. On lit, à propos d'Angoulevent, dans les *Satyres* du sieur d'Auvray, p. 324 :

> Il jugeoit à l'œil et au pas
> Les filles d'amoureux appas,
> Comme les laquais aux mandilles ;
> Aux mantes les vrays *Irlandois,*
> Aux chapeaux longs les Albanois,
> Et les Espagnols aux roupilles.

Il en parle encore p. 335.

Neuf, qui les avait si longtemps abrités sous ses jeunes ruines, était enfin sur le point d'être achevé. Ainsi, le repaire avait disparu, que la bande existait encore.

C'est en 1598, aussitôt après qu'il eut fait sa paix, à Vervins, avec les Espagnols, que Henri IV avait décidé d'en finir avec ce grand ouvrage, dont le précédent règne n'avait pu tenter que l'ébauche. Le 10 mai, furent rendues des lettres patentes qui décrétaient ce *parachèvement* et expliquaient son utilité. Il était entrepris « pour la commodité de nostre bonne ville de Paris, de nos subjects qui trafiquent et afin de soulager le pont Nostre-Dame, sur lequel advient grand désordre et confusion, étant seul pour le passage des coches, chariots et charrettes qui se rencontrent et empeschent que l'on y puisse commodément passer à pied ny à cheval, outre que ledict pont a esté et est si estroit, qu'il y avoit quelques arches d'icelluy en danger de rompre et tomber en ruine, ce qui eust fermé le passage d'icelluy à ceulx des pays de Bourgogne, Champagne, Picardie, Normandie et autres provinces qui ont accoutumé de monter et avaller par ladicte rivière plusieurs marchandises, » etc.

Les travaux allèrent lentement ; pendant plus d'une année encore, le roi dut se résoudre à passer la Seine en bac [1], au risque de s'entendre dire, par celui qui le conduisait, mainte bonne vérité sur le luxe de ses

[1] Dans les jours de *gala*, ces passages en bac se faisaient avec grand appareil. Souvent c'était le plus magnifique détail d'une fête, témoin ce qui se passa lors de l'entrée de François Ier à Paris, en février 1515, et, plus tard, lors du splendide banquet que le cardinal de Bourbon donna dans le Pré-aux-Clercs au roi Henri III et aux deux reines. Malheureusement le passage manqua : « Il (le cardinal) fit faire un grand bac en forme de char de triomphe, dans lequel le roi, les deux reines, les princes et les princesses devoient passer du Louvre au Pré-aux-Clercs. Ce char devoit être tiré par d'autres bateaux en forme de chevaux marins, tritons, baleines, dauphins, et autres monstres ou poissons de mer, jusqu'au nombre de vingt-quatre. Dans les corps de ces animaux devoient être des musiciens, des instruments et même des feux d'artifice. Rien de tout cela ne réussit, quoiqu'on eût fait attendre le roi depuis trois heures après-midi jusqu'à sept. Sa Majesté, fâchée et ennuyée de tant attendre, monta avec la reine, sa mère, et son épouse, dans son carrosse en disant : « Partons, je vois bien que « toutes ces bêtes sont traînées par d'autres bêtes. » (Dreux du Radier, *Tablettes historiques et anecdotiques des rois de France*, t. II, p. 268-269.)

maîtresses et sur la chèreté des impôts, ainsi que cela lui arriva certain jour. La leçon alors donnée ne profita qu'au batelier, qui, en récompense de son franc-parler, fut déchargé de toute taxe pour sa barque ; mais le roi n'en continua pas moins d'être fort prodigue pour la duchesse de Beaufort, et fort économe pour les dépenses utiles, surtout pour celles du malheureux pont, qui ne pouvait s'achever.

Enfin pourtant, il se piqua d'honneur et fit un grand effort. C'était en 1601 [1] : Guillaume Marchand et François Petit, les nouveaux architectes, qui s'étaient mis à l'œuvre dès le mois de mai 1599, avaient, moyennant la somme de douze cent cinquante écus par semaine, terminé toute la partie du pont qui allait de l'île jusqu'aux Augustins ; restaient à construire les arches du grand bras. Marchand et son associé demandaient, pour en finir, trois ans de travail et soixante mille écus. L'argent manquait, par malheur ; qui

---

[1] Ce fut pendant toute l'année la grande joie et la grande conversation de Paris. Régnier, dans sa VIIe satire, parue alors même, fait dire à son fâcheux bavard :

Que Paris est bien grand, *que le Pont-Neuf s'achève.*

devait en donner ? était-ce encore le peuple ? était-ce enfin le roi ? Ce fut le roi.

Depuis longtemps il était populaire à bon marché ; il voulut l'être argent comptant. Il abolit la taxe créée par Henri III, emprunta, sur sa propre cassette, la somme nécessaire, en paya la rente aux prêteurs, et même la rendit peu de temps après.

Tout n'eût pas bien marché pourtant sans un petit impôt. La ville, en ce temps-là, avait décidé de lever dix sols sur chaque muids de vin, afin de pourvoir à la réparation des fontaines. Le roi mit la main sur cette taxe. Dans l'assemblée générale du 17 avril 1601, il fit connaître aux échevins l'usage auquel il la destinait : c'était la construction du Pont-Neuf. Il terminait en disant « qu'on cherchât un autre fonds pour les fontaines[1]. » Il

---

[1] Félibien, t. V, p. 483. — Cet impôt fut perçu pendant longtemps. Quand le Pont-Neuf eut été définitivement achevé, on le maintint sous prétexte qu'on avait besoin d'argent pour réparer les quais. Le *Caquet de l'accouchée*, paru en 1622 (*V.* notre édition, p. 24, note), reproduit les plaintes des Parisiens contre la perpétuité de cette taxe, contre ces réparations des quais rompus, etc. « dont l'argent, y est-il dit, se prend à présent sur l'escu cinq solz qui a esté imposé sur le vin des bourgeois, et qui jamais ne sera cassé. » —

eût cependant été plaisant que cet impôt mis sur le vin, que cette dîme levée sur les ivrognes, servît à rendre plus facile et plus abondant le cours des eaux dans Paris. Mais l'achèvement du Pont-Neuf valait mieux qu'une antithèse.

Guillaume Marchand et Petit avaient demandé trois ans ; ils tinrent à peu près parole. Leur promesse avait été faite en 1601 : en juin 1603, elle était tenue. Le roi pouvait tenter le passage du pont dans toute sa longueur.

« Le vendredy, 20 de ce mois, lisons-nous dans le journal de L'Estoile[1], le roy passa du quay des Augustins au Louvre par-dessus le Pont-Neuf, qui n'estoit pas encore trop assuré, et où il y avoit peu de personnes qui s'y hasardassent. Quelques-uns, pour en faire l'essai, s'estoient rompu le col et tombez dans la rivière, ce que l'on remontra à Sa Majesté, laquelle fist response (ainsi qu'on dit) qu'il n'y avoit pas un seul de tous ceulx-là qui fussent roy, comme luy. »

En 1607, cet *impôt pour le Pont de Paris,* comme il est appelé dans le *Traité du revenu et despense de France* pour cette année-là, grevait la généralité de Paris d'une somme annuelle de 15,000 livres. (*Revue rétrospective,* 1re série, t. IV, p. 159-186.)

[1] Édition du *Panthéon littéraire,* t. II, p. 140.

Le premier projet avait été d'établir des maisons sur le Pont-Neuf, ce qui eût singulièrement compliqué sa construction. Mais cette idée, qu'on avait pu avoir sous Henri III, ne fut pas reprise sous Henri IV. « Ce dessein, dit le vieux Du Breul, a esté changé par la volonté du roy, d'autant que cela eust osté la veuë du Louvre. » Il ajoute même que l'on avait déjà fait des caves « sur chaque pile, » mais que le projet changeant, on en avait bouché l'entrée ; « tellement, dit-il encore, qu'il n'en reste plus aucune apparence. » D'abord aussi on avait projeté de placer à chaque tête du pont une porte ou plutôt un arc de triomphe[1], ce qui lui eût été d'un grand ornement, et lui eût donné un air tout à fait monumental ; mais ce projet avorta comme l'autre. Ce fut même en pure perte qu'on tenta de le reprendre sous Louis XIII.

[1] Des statues devaient être aussi placées dans les demi-lunes que la démolition des pavillons bâtis en 1775, a permis dernièrement de rétablir à peu près dans leur premier état. Il n'en est toutefois parlé que dans le texte mis au bas de la vue du Pont-Neuf par Porelle. Il y est dit : « Les petites demi-lunes posées en saillie sur les avant-becs des piles ont été pratiquées pour y ériger sur des piédestaux les statues des plus illustres de nos roys. »

Henri IV alors avait plus à cœur les travaux utiles que les travaux magnifiques ; c'est pourquoi, négligeant volontiers ce que ces arcs de triomphe auraient pu avoir d'inutilement fastueux, portait-il tous ses soins et toutes ses dépenses à la construction des quais, des rues et des places qui devaient compléter et parfaire sa grande entreprise. Là étaient toute sa pensée, tous ses efforts. Il travaillait bien sur quelques autres points aux embellissements de Paris; mais c'est vers le Pont-Neuf et son voisinage que sa préférence le ramenait toujours. Une lettre de Malherbe à Peiresc, sous la date du 3 octobre 1608, le constate d'une façon piquante. « Si vous revenez à Paris d'ici à deux ans, dit le poëte au savant, vous ne le reconnoîtrez plus... Mais le plus grand changement est en l'isle du Palais où l'on fait un quai qui va du Pont-Neuf au Pont-aux-Meuniers, comme l'autre va du Pont-Neuf au bout du pont Saint-Michel. On fait en cette même isle une place que l'on appellera, à ce qu'on dit, la place Dauphine, qui sera très-belle et bien plus fréquentée que la Royale [1]. »

---

[1] *Lettres de Malherbe à Peiresc*, p. 61.

Malherbe est bien instruit, on voit qu'il vit à la cour. L'année d'après, en effet, on se mit à l'œuvre sur ce terrain de vague pâture qui n'était guère sorti de son silence depuis qu'on y avait allumé le bûcher des Templiers, mais qui, devenu la place Dauphine sera désormais l'arène la plus bruyante des saltimbanques et des charlatans de toutes sortes.

En attendant, il sera une dernière fois le champ clos d'un terrible duel, dont les deux champions et les deux victimes furent Villemot et de Fontaines, braves entre tous, et des plus aimés du roi.

Ils s'étaient pris de querelle et défiés dans un jeu de paume pour un coup de raquette. Henri IV sut l'affaire et voulut empêcher le combat. Il envoya un exempt pour garder Villemot, mais celui-ci trouva moyen de s'échapper. Il arriva le premier sur le terrain. « C'estoit, selon Vulson de la Colombière[1], l'isle où est maintenant basty le Pont-Neuf (il veut dire la place Dauphine). » Fontaines ne se fit pas attendre. Un valet de Villemot, qui s'était mis sur leurs traces, et qui vit le combat, le raconte ainsi, toujours

---

[1] *Le vray Théâtre d'Honneur et de Chevalerie*, in-fol. t. II, p. 505.

d'après la Colombière : « Il dit qu'auparavant de descendre de cheval, Fontaines le salua (Villemot), le chapeau à la main, luy disant : « Bonjour, monsieur, si matin ! » et que Villemot luy leva son chapeau de mesme, mais qu'il ne pût entendre ce qu'il respondit. Fontaines, ayant mis pied à terre, ils ne se tirèrent que trois coups d'épée, dont ils tombèrent tous deux morts à terre, Fontaines à la renverse et Villemot sur les dents. On trouva que leurs coups avoient tous porté et presque en pareil endroit ; ceux de Villemot à la gorge, au téton et au costé de Fontaines, et ceux de Fontaines aux mesmes parties de Villemot, excepté que l'un les avoit du costé gauche, et l'aultre du droit, pour ce que Villemot s'estoit mis sur le pied gauche. Le roy fut extrêmement fasché de cet accident, et dit qu'il avoit perdu deux hommes qui eussent pu rompre une bataille. »

C'est Henri IV qui avait eu le premier l'idée de faire une place de ce vaste terrain et qui en avait lui-même tracé le triangle monumental. « Le roy, dit L'Estoile, s'estant transporté luy-mesme, en a donné le plan. Ce lieu estoit auparavant inutile, et à l'avenir servira aux banquiers et marchands pour faire plus aisément leur commerce à la sortie du Palais. »

La dépense menaçait d'être forte pour l'établissement de cette place. Il fallait combler le petit bras de rivière qui séparait de la Cité l'île enjambée par le nouveau pont, et de cette façon les souder ensemble de sorte que les deux n'en fissent plus qu'une. Il fallait bâtir ensuite, et magnifiquement. Le roi, qu'un premier effort avait mis à bout de générosité, voulut s'en remettre à quelque autre de ces dispendieux ouvrages. Son choix s'arrêta sur M. du Harlay, qui, en sa qualité de président, avait une sorte de droit de préférence sur cet espace voisin du Palais. Le 28 mars 1607[1], donation lui fut faite du terrain, à la condition qu'il payerait cent cinquante-six livres de redevance annuelle, c'est-à-dire environ un sou par toise; et qu'il bâtirait des maisons en pierres et en briques de même symétrie, sur la petite île réunie à la grande. Tout cela fut exécuté[2]. L'endroit de la soudure est indiqué par la ligne que fait la rue dont M. du Harlay fut le parrain naturel. Quant à la

[1] Jaillot, *Quartier de la Cité*, p. 190.
[2] *Mémoires* de Richelieu, coll. Michaud, 2e série, t. VII, p. 136.

place, qui n'a guère conservé que sa forme triangulaire, elle prit en l'honneur du jeune Dauphin le nom que le roi lui avait destiné, sitôt qu'il avait eu l'idée de sa construction.

Tout auprès, sur le quai qui portera leur nom, les orfévres ne tarderont pas à venir s'établir. On commence même alors à bâtir pour eux « du costé de l'eau, regardant le quay des Augustins, » vingt-sept corps de logis de pierres et de briques, couverts d'ardoises, et dont la longue suite va depuis le Pont-Neuf jusqu'à la petite porte du Palais. Chaque logis a sa boutique avec un auvent assez large pour abriter en temps de pluie un cheval et son cavalier.

Pareille ligne de maisons et de façades uniformes s'étendra bientôt aussi sur le quai placé à l'opposite de celui-ci; mais ce sont des industries moins brillantes qui s'y abriteront. Le vent du nord, qui le glacera et l'attristera de ses continuelles rafales lui fera donner le nom de quai des *Morfondus*; nom maussade qui le rendra digne de se trouver en face de *la Vallée de Misère,* qui, elle aussi, croupit toujours dans les mêmes fanges.

La sollicitude royale ne s'est point en effet portée de cet autre côté de la Seine. La rive détrempée de ruisseaux infects attend encore qu'on l'encaisse dans un quai solide, et le sol défoncé et crevassé réclame plus que jamais un nivellement et du pavé. Du côté du Louvre seulement, le terrain est aplani et devenu praticable. Il le doit à François Ier, qui a commencé là ce qu'ailleurs Henri IV a si bien continué. Le *quay du Louvre,* comme on appelle cet endroit, dans sa partie voisine du Palais est assez large, dès 1539, pour que trois ou quatre mille personnes s'y rassemblent pour voir Français et Suisses s'escrimer au jet de la pierre [1].

Vers le temps dont nous parlons, il s'y trouvait un poste destiné sans doute à défendre les premiers abords du Louvre. Quand le marquis d'O entra dans Paris avec sa compagnie servant d'avant-garde à l'armée de Henri IV, il trouva vingt-cinq lansquenets embusqués dans ce poste du quai de l'École. Comme ils faisaient mine de vouloir résister, il les attaqua, les tua tous jusqu'au dernier et les fit jeter à l'eau [2].

Le voisinage du Louvre pourrait faire penser que ce quai est mieux fréquenté que les

---

[1] *Contes d'Eutrapel,* 1732, in-12, t. II, p. 253.
[2] L'Estoile, t. II, p. 122-123.

autres, et qu'au lieu de lourds et grossiers bachots, on voit amarrés à sa berge de jolis et sveltes batelets ; point du tout : le quai de l'École se moque du royal voisinage ; c'est tout bonnement un chantier de bois à brûler. On y achète, il est vrai, les meilleurs cotrets de Paris, et c'est là certainement que Sganarelle devait aller vendre sa marchandise : « Mon maistre, dit le Corbinelli du *Pédant joué,* s'estant souvenu du commandement que vous lui avez fait d'acheter quelque bagatelle qui fust rare à Venise et de peu de valeur à Paris pour en régaler son oncle, s'estoit imaginé qu'une douzaine de cotrets n'estant pas chère et ne s'en trouvant pas par toute l'Europe de mignons comme en cette ville, il devoit en porter là : c'est pourquoi nous passions vers l'École pour en acheter. » A quelques années de l'époque où nous sommes, quand le peuple furieux, qui vient de déterrer à Saint-Germain l'Auxerrois le maréchal d'Ancre, cherchera du bois pour le bûcher sur lequel il veut brûler son cadavre, c'est au quai de l'École qu'il le viendra prendre [1] !

---

[1] *La divine Vengeance sur la mort du marquis d'Ancre,* 1617, in-8°.

De l'autre côté, la tour de Nesle se dresse encore triste et sombre, mais elle n'est plus qu'une ruine, un spectre. Callot, quand il la dessina, la vit dans sa pleine décadence, démantelée, trouée de toutes parts, s'émiettant pierre à pierre, n'ayant plus rien qui justifiât son existence, pas même cette chaîne aux lourds anneaux qui jadis la rattachait au Louvre, quand, la nuit, on voulait *boucler* la Seine[1]. La tour de Nesle n'avait plus même ce qu'avait encore la tour de l'Arsenal, qu'une chaîne semblable reliait toujours à la Tournelle[2].

Tout ce qui avoisinait la tour et la porte de Nesle n'était guère en meilleur état. L'hôtel du duc de Nevers, le futur hôtel Guénégaud, n'en était encore qu'aux fondations, et il devait, selon toute apparence, rester longtemps ainsi. Sauval en parle au dix-septième siècle comme « d'un palais imaginaire, qui n'est que commencé et ne s'achèvera jamais. » L'hôtel Saint-Denis, son voisin, tombait au contraire de vétusté. Il n'en restait que des masures à peine ha-

---

[1] L'Estoile, t. II, p. 122-123.
[2] *Traité de la Police*, t. Ier, p. 97.

bitées et un jardin en friche, « ce qui rendoit l'aspect du faubourg Saint-Germain, de ce costé-là, fort désagréable, et son abord fort incommode[1]. »

Il fut par bonheur dans les projets du roi de faire table rase de toutes ces bicoques et de frayer au travers une large et belle rue « qui joindroit le Pont-Neuf et seroit d'un grand ornement pour la ville et d'une grande commodité pour le public. » Il n'attendit pas longtemps pour se mettre à l'œuvre. Le pont était achevé ; il y était même déjà passé plusieurs fois ; la rue qui devait en être le prolongement devenait donc tout à fait indispensable. Il s'entendit sans retard avec les Augustins pour l'achat des maisons, cours et jardins qu'il fallait abattre ou traverser, afin de percer cette voie de cinq toises de

---

[1] Tallemant en donne ainsi la raison : « M. de Nevers, en ce temps-là, dit-il, faisoit bâtir l'hôtel de Nevers. Henri IV le trouvoit un peu trop magnifique pour être à l'opposite du Louvre ; et, un jour, en causant avec M. de Nevers, et lui montrant son bâtiment : « Mon neveu, lui dit-il ; j'irai loger chez « vous quand votre maison sera achevée. » Cette parole du roy, et peut-être aussi le manque d'argent, firent arrêter l'ouvrage. » (Historiettes, édit. in-12, t. 1er, p. 91.)

largeur, et la faire aboutir en droit fil à la porte Bussy. Il paya le tout trente mille livres tournois, sans compter les matériaux de démolitions qu'il laissa à la charge des religieux. Il convint de plus qu'il ferait élever de chaque côté de la rue un mur de trois toises de haut pour la clôture des cours et jardins du couvent, et il s'engagea à faire creuser à ses frais, sous le pavé de la rue, deux routes établissant une communication entre le cloître et les maisons que possédaient les Augustins près de l'hôtel de Nevers[1].

Si le roi trouvait son compte dans ces conventions, le couvent n'y trouvait pas moins le sien. Les moines cependant crurent devoir se plaindre encore ; mais le Béarnais était vif à la réplique : jamais il ne le fit mieux voir. « Les religieux Augustins, dit L'Estoile, desputez vers Sa Majesté pour l'assurer de leur soumission à son plaisir, luy ayant remontré qu'ils seroient doresnavant sans jardin, le roy leur a dit : « Ventre-saint-gris,
« mes pères, l'argent que vous retirerez du
« revenu des maisons vaut bien des choux. »

[1] En 1839, on retrouva des restes de ce souterrain. (*Écho du Monde savant*, 1839, p. 645.)

V

Les filous, premiers occupants au Pont-Neuf. — Leur gouvernement, leur justice, etc.—Premier *banquiste* au Pont-Neuf.—Combats et accidents.—Danger que court Henri IV.—Revue des *Enfants de Paris*. — Le Pont-Neuf, succursale de la Grève. — La potence élevée par le maréchal d'Ancre. — A qui elle sert.—Meurtre du maréchal d'Ancre et ses suites.—Le *Cheval de Bronze*. — Qui l'a fait et d'où il vient. — Son voyage et son naufrage. — La monture préférée au cavalier. — Gaston d'Orléans *tirelaine* au Pont-Neuf.—Les promenades d'amoureux.

Le Pont-Neuf était à peine achevé de bâtir qu'il était déjà devenu le centre de la vie parisienne, le but de promenade des oisifs, le rendez-vous des désœuvrés de qualité, le bazar de tous les petits commerces, le Parnasse de tous les Apollons, poëtes et chanteurs en plein vent; encore oubliai-je dans la liste ce qui était le fond de cette population flottante : les filous[1].

[1] Ils ne sont pas omis dans une pièce dont il sera encore question plus loin, la *Lettre consolatoire escripte*

Leur quartier général était au Port-au-Foin, à l'endroit où se trouve aujourd'hui la place des Trois-Maries, tout près de la descente du

par le général de la compagnie des crocheteurs de France à ses confrères, sur son rétablissement au-dessus de la Samaritaine du Pont-Neuf, etc.; Paris, 1612, p. 5. — Le crocheteur y dit : « Mon retour…. apportera une grande joye et contentement…. à plusieurs marchands qui tiennent leurs boutiques et vendent leurs marchandises sur ledit Pont-Neuf, comme vendeurs d'allumettes, arracheurs de dents, crieurs de poudre pour faire mourir les rats et les souris, vendeurs d'herbes et autres marchands de semblable ou plus grande qualité, mesme à messieurs les couppeurs de bourses, qui me sont déjà venu voir pour tesmoigner l'aise qu'ils ont de mon rétablissement…. » Dans une pièce intitulée : *Procez nouvellement intenté contre messieurs les sauatiers sauatant de la uille et fauxbourgs de Paris et les courtisans de la nécessité, auec le playdoyer de part et d'autre* (Paris, 1634, p. 18); on dit que ces *courtisans*, ou parasites et voleurs, avoient éleu domicile sur le *Pont-Neuf*, et on leur permet d'aller, « non-seulement bottez, mais piedz nuds, si bon leur semble; à la charge toutes fois qu'une partie d'iceux ne passeront l'heure de six heures du soir pour leur promener sur le *Pont-Neuf* et autres lieux, et d'aduancer les six autres heures du matin, sur peine d'estre rencontré par les courriers du guet et d'estre menez sans forme de procez regarder attentiuement le cadran de l'Hostel de ville, pour remarquer l'heure de leur entrée en l'autre monde. »

Pont-Neuf. Ils avaient là tout un gouvernement organisé, même une justice rendant de beaux arrêts contre ceux de la compagnie qui avaient enfreint les statuts. Les uns étaient condamnés à l'amende, « les autres au fouet, les autres à la mort, qui estoit de les poignarder et puis jeter à la rivière[1]. » Il ne fallait pas aller loin pour cela. C'est en effet sur la rivière même que siégeait la cour de ces *coupebourses* et voleurs. « Ils avoient, dit L'Estoile[2], un grand et petit basteau pour l'exercice de leur brigande justice. Là, se tenoient les plaids et audiances en l'un; et en l'autre estoient prononcez et exécutez leurs arrêts, sentances et condamnations. » La vraie justice avait l'œil sur cette insolente parodie de son tribunal. Au mois de septembre 1610, elle mit la main sur le président, puis sur le procureur et l'avocat du roi, et ce fut grande joie pour le prévôt, M. Defunctis, de faire pendre haut et court ces faux justiciers. L'exécution eut lieu en cette place du Port-au-Foin, qui, je l'ai dit, était leur principal refuge, et d'où, vers la brune, ils s'élançaient

[1] *Journal* de L'Estoile, édition Champollion, t. II, p. 531.
[2] *Ibid.*, p. 533.

d'un bond, « comme loups, sur le Pont-Neuf[1]. »

Nous avons vu que, grâce aux gueux d'Irlande[2], « l'honorable compagnie » l'infestait, même avant son achèvement. Ce n'était pas pour l'abandonner lorsqu'il serait ouvert à tous. En 1609, — vous voyez qu'il n'y a pas eu pour eux de temps perdu, — un industriel y exerçait déjà le noble métier aux dépens de toutes les dupes qui passaient.

« C'estoit, dit L'Estoile, un charlatan qui, tenant sur le Pont-Neuf une quantité de billets qu'il faingnoit d'avoir pris à la Blanque (encores qu'il les eust faicts luy-mesme), joua son jeu si dextrement qu'il tira la quintessence des bourses de plusieurs... jusqu'à ce qu'estant découvert, il gagna le haut, et est encore aujourd'huy à retrouver. »

---

[1] Une pièce de ce temps, publiée dans nos *Variétés hist. et litt.*, t. III, p. 147, fait allusion à cette association de voleurs : *Règles, statuts et ordonnances de la Caballe des filous reformez depuis huict jours dans Paris, ensemble leur police, estats, gouvernement.*

[2] L'an dernier on a pris une bande d'industriels logés sous le tablier du pont d'Arcole, comme nos Irlandais dans les piles du Pont-Neuf. On les appelait les *Hirondelles du Pont-d'Arcole.*

Les premiers jeux au Pont-Neuf, on le voit, ne furent pas jeux innocents. Mais tous n'étaient pas, Dieu merci, de même sorte. Les gens de cour s'y ébattaient parfois en des amusements presque enfantins, qui, pourtant, ne laissaient pas d'avoir aussi leur danger, témoin ce combat à coups de pelotes de neige, dont parle aussi L'Estoile, et qui faillit coûter la vie à un gentilhomme[1]. C'était en février 1606 : « M. de Vendosme estoit sur le Pont-Neuf, qui se battoit à coup de plottes de neige, et y eust un gentilhomme blessé au visage d'une où il y avoit pierre dedans. »

Cette blessure grave, en ce combat pour rire, fut le premier sang versé au Pont-Neuf. Peu s'en était fallu que le roi ne fît les frais de ces prémices sanglantes.

Il venait souvent au Pont-Neuf, soit pour les travaux qu'on faisait dans les rues voisines qui devaient porter les noms de son fils le *Dauphin,* de son second fils le

---

[1] Le Pont-Neuf voyait des combats plus sérieux. La Belle a donc bien fait de figurer un duel au premier plan de sa gravure. — Pour le combat de Darquy et de Baronville, en 1611, sur le Pont-Neuf, V. *Lettres de Malherbe à Peiresc,* p. 211.

duc d'*Anjou* et de sa fille *Christine*; soit pour suivre la construction de la Samaritaine, commencée en 1605; et celle du Pont-Marchand ou *aux Oiseaux*, entre le Pont-Neuf et le Pont-au-Change[1]; soit pour inspecter le monnayage dans l'atelier de l'île[2]; ou bien encore pour faire visite à Jean Robin, « son arboriste et simpliste, » dans le clos « de plantes rares » qu'il appelait *Jardin Royal* [3], et dont l'espace devait, avec le reste de l'îlot, disparaître bientôt sous la *place Dauphine*[4].

Le 19 décembre 1605, « environ les cinq heures du soir, » dit L'Estoile, comme il passait revenant de la chasse, un homme l'as-

[1] Il remplaçait le pont aux *Meuniers*, emporté par les eaux en 1596. On le finit en 1609. (L'Estoile, t. II, p. 505.)—Il était entre l'emplacement du *Pont de Charles-le-Chauve* (*V*. plus haut, p. 21-25) et le Pont-au-Change, avec lequel il fut brûlé, — pour n'être pas rebâti,— en octobre 1621. Les orfévres du Pont-au-Change émigrèrent en partie au quai de leur nom, et les oiseliers du Pont-Marchand au quai de la Ferraille. *V*. J. Cousin, *Gazet. des B.-Arts*, t. VIII, p. 159.

[2] *V*. ci-dessus, p. 60.—Le *maître ouvrier* était alors Gilb. Olivier, plus heureux ainsi qu'Aubin Olivier, son aïeul.(*Mél. de la Soc. des Bibliph.*, 1856, p. 188.)

[3] *V*. P. Vallet, *le Jardin Royal*, 1608, in-8°.—On doit à Jean Robin le *robinier* ou *faux acacia*.

[4] *V*. plus haut, p. 111.

saillit sur le pont. Ce n'était ni un Jean Chatel, ni un Ravaillac, mais un pauvre fou. Depuis longemps, dans ses rêves, il menaçait le roi, disant « qu'il lui détenoit injustement ses biens et la plupart de son royaume. » Ce soir-là, pour tirer vengeance de cette prétendue spoliation, il l'avait attendu, « ayant un poignard nud sous son vestement. » Quand le roi vint à passer, il le prit par le derrière du manteau, qui était solidement agrafé, et qu'il secoua quelque temps sans pouvoir le détacher. On accourut, on le saisit. Au lieu de résister et de maugréer même d'avoir manqué son coup, il se mit à rire. « Au moins, dit-il, luy ai-je fait belle peur. » Elle faillit lui coûter cher à lui-même. Quoiqu'il fût fou avéré, on lui fit son procès, on allait même l'envoyer au gibet, disant, « comme la vérité estoit, que la graine de ces fols-là n'estoit point de garde, » lorsque le roi lui accorda sa grâce : « Il en faisoit conscience, pour ce qu'il avoit bien recognu que c'estoit un vrai fol, et qu'il falloit encore donner celle-là à la saison qui en estoit fertile. » Là-dessus, il conta qu'un homme, avec un beau manteau de peluche, « s'estant jetté le dimanche auparavant de dessus le Pont-Neuf... s'estoit noyé. »

Voilà déjà bien des accidents sur le Pont-Neuf[1], joignez-y ceux qui y arrivaient par imprudence, comme la mort de ce pauvre tailleur « chargé de cinq petits enfants et sa femme grosse, » qui fut tué, le dimanche 2 mai 1610, par l'éclat d'un mousquet tiré dans les rangs des *Enfants de Paris,* qui passaient par là pour faire leurs *montres*[2]; joignez-y encore les exécutions, par décapitation ou pendaison, dont l'une ou l'autre de ses extrémités était le théâtre, et vous verrez que la partie tragique de son histoire pourrait être pour le moins aussi longue à raconter que la partie gaillarde ou scandaleuse.

Les ponts ayant toujours été les passages les plus fréquentés, l'usage s'était bientôt établi de faire des carrefours auxquels ils aboutissaient, de vraies succursales de la Grève.

---

[1] Ceux-ci sont sanglants, mais il y en avait de comiques. Écoutez Tallemant parlant du père d'un certain la Taulade : «C'est, dit-il, un fort gros homme. Un jour, le fond de sa chaise s'enfonça ; le voilà les pieds à terre ; les porteurs, par malice ou autrement, ne faisoient pas semblant d'entendre. Il alla dans les croites tout du long du Pont-Neuf, comme s'il eût été sous un dais. » (*Historiettes*, édit. in-12, t. III, p. 10.)

[2] L'Estoile, p. 576.

Les supplices avaient ainsi tout entière leur horrible publicité. Sans sortir des temps qui nous occupent, nous citerons l'exécution d'un meurtrier qui, « le jeudi 13 (août 1607), fust pendu au bout du pont Saint-Michel [1], » puis, sous la date du samedi, 13 juin 1614, celle du fils de Montescot, « décapité, en tableau, au bout du Pont-Neuf [2]. »

Quand, à quelques années de là, en 1617, le maréchal d'Ancre fit planter sur le pont même la potence destinée à ceux qui s'insurgeaient contre lui par écrits ou par paroles

---

[1] L'Estoille, p. 435.

[2] *Idem*, p. 670. — « Un certain de Lasse, du pays de Cahors, qui avoit fait de la fausse monnoye, eut la tête tranchée, le 13 août 1638, au *bout et place du Pont-Neuf*, du costé du quay de l'Escole Saint-Germain. » Il avait vingt-quatre ans, et fut pris chez la Galiotte, comédienne de l'hôtel de Bourgogne. De Lasse avait été page de Monsieur; ce fut pour le roi Louis XIII un motif de plus de refuser la grâce qu'on sollicitait en faveur du coupable, disant « qu'il ne donnoit pas grâce aux faux monnoyeurs, et qu'il ne vouloit pas qu'on dît que la maison de Monsieur, son frère, fût le réceptacle des faux monnoyeurs, voleurs et méchants. » (*Rapport sur les manuscrits historiques de la Sorbonne*, bulletin des comités, partie historique, mars 1851, p. 82.)

violentes, il ne faisait donc que suivre une coutume déjà établie.

On sait quel fut le sort de ce gibet du ministre, et comment ce ne furent pas les libres discoureurs dont il voulait tirer vengeance, mais bien le corps du nouvel Aman lui-même qui y fut attaché. *Mais,* faisait-t-on dire en effet au ministre d'Assuérus, dans une pièce de ce temps [1], dont les allusions au meurtre de Concini faisaient le principal mérite,

Mais ce qui me remplit de douleur et d'effroy,
C'est que je suis contraint d'aller à la potence
Que moy-mesme ay fait faire à ma propre despence.
Hélas! ma pauvre femme et mes pauvres enfants!

L'horrible scène qui suivit de près le meurtre du maréchal sur le pont-levis du Louvre et son inhumation à Saint-Germain-l'Auxerrois, est très-éloquemment racontée dans les *Mémoires* de Pontchartrain.

« Le lendemain, 25 dudit mois d'avril, jour de Saint-Marc, y est-il dit, sur les dix heures du matin, quelques enfants et femmes, dans l'église de Saint-Germain de l'Auxerrois, commencent à se dire, les uns les autres,

[1] *Tragédie nouvelle de la perfidie d'Aman, mignon et favoris* (sic) *du roy Assuérus*, etc.; Paris, 1622, in-8°.

estant sur le lieu où on l'avoit enterré : « Voilà
« où ce tyran a esté mis en terre; est-il raison-
« nable, luy qui a fait tant de mal, qu'il soit en
« terre sainte et dans une église? Non, non, il
« le faut oster; il le faut jetter à la voirie. » Et
ainsi, avec de semblables paroles, s'esmou-
vant les uns les autres, ils commencèrent
avec de méchants bastons à déceler la tombe
sous laquelle estoit ce corps; les femmes y
apportèrent des ciseaux et des couteaux, ensuite, des hommes plus forts commencèrent
à y mettre la main.

« En moins d'une demi-heure voilà deux
ou trois cents personnes assemblées; ils lè-
vent la tombe, ostent le corps d'où il estoit, luy
attachent des cordes au col, commencent à
le traîner hors de l'église, et de là par les
rues, avec des cris et hurlements horribles,
les uns disant qu'il le falloit jetter dans la rivière, d'autres qu'il le falloit brusler, d'autres
qu'il le falloit mettre au gibet; ainsi chacun
faisoit à qui pis-pis. De cette sorte, ils se
trouvent au bout du Pont-Neuf, où il y avoit
deux ou trois potences dressées; ils s'advisent
de pendre ce corps par les pieds à une des
potences, où il fut environ demi-heure et
plus.

« Cependant, le peuple croissoit en nombre... Ils ostent le corps de cette potence, le traînent par toutes les rues... le mettent en pièces. Cette grosse troupe, qui estoit de plus de cinq ou six cents personnes, se sépare. Chacun emporte avec soi un quartier ou morceau, continuant à aller ainsi en tous les endroits, où la plupart font allumer des feux, où l'on brusle avec ignominie les pièces de ce corps : d'autres les veulent faire manger aux chiens, etc. »

Des relations contemporaines renchérissent encore sur l'horreur de ces détails.

Nous lisons par exemple dans une lettre *inédite* de M. de Gouvernet à sa femme, en date du lendemain, 26 avril 1617 : « Après l'avoir laissé pendu quelques heures, ils l'ont traîné par la ville... En chemin ils mordoient dans ce corps, et en ont mangé et fait manger. »

C'est presque sous les pieds de la statue de Henri IV, à peine consolidée sur son socle, que se passa l'horrible scène.

Depuis trois ans au plus le monument était inauguré.

Concini, dont le sang devait en arroser la base, n'avait pas, comme on le pourrait croire, assisté à l'inauguration, faite le 23 août 1614, deux jours avant la Saint-Louis. Il était alors en Poitou, avec le jeune roi. La reine mère, qui accompagnait son fils, n'avait pu elle-même présider à la cérémonie, bien qu'elle y eût droit plus que personne.

On lui devait cette statue. Elle avait, « de ses propres deniers, » selon Bassompierre[1], donné 30,000 écus pour qu'on l'érigeât, et de son Louvre, elle en avait, par lettres, suivi tout le travail qui se faisait à Florence.

D'après G. Brice[2], Piganiol[3], et l'abbé de Fontenai[4], on a fait mille contes de cette statue équestre. Le cheval, à les en croire, fondu par Jean de Bologne pour le grand-duc Ferdinand, puis destiné, par suite d'une substitution de cavalier, à devenir la monture du Henri IV de bronze, aurait été apporté seul en France, où l'effigie du Béarnais, due au sculpteur français Guillaume Dupré, l'aurait enfourché un peu plus tard. On allait jusqu'à dire que le cheval avait d'abord été placé, sans son cavalier, sur le piédestal[5], et que

---

[1] *Mémoires*, coll. Petitot, 2ᵉ série, t. XXI, p. 82.
[2] *Descrip. de la ville de Paris*, 1752, in-8°, t. IV, p. 168.
[3] *Descrip. hist. de la ville de Paris*, 1765, in-8°, II, p. 52.
[4] *Dictionnaire des Artistes*, 1776, in-8°, t. Iᵉʳ, p. 537.
[5] Bazin, *la Cour de Marie de Médicis*, 1830, in-8°,

c'est même pour cela sans doute que le peuple avait pris l'habitude, peu respectueuse, d'appeler ce monument le *Cheval de Bronze* :

> On ne parle point d'Henry Quatre,
> On ne parle que du cheval 1 !

Il suffit de lire le procès-verbal de l'inauguration, retrouvé sous l'un des pieds du cheval,—quand il fût détruit, le 12 août 1792[2], —et publié presque textuellement, à l'époque même, dans le *Mercure François*[3], pour voir qu'il n'y a qu'erreur dans tout cela.

Lorsque, en 1604, il avait été décidé qu'une statue équestre en bronze serait élevée à la gloire d'Henri IV, Franqueville, son premier sculpteur, avait fait un modèle qu'il envoya à Florence[4] pour que son maître Jean de Bologne le fît en grand et le coulât en bronze.

Jean de Bologne à qui l'on devait, déjà trois statues de ce genre : l'une pour Cosme Ier, l'autre pour Ferdinand Ier, la troisième pour

---

p. 101-102.—*Paris illustré*, 1855, in-12, p. 117.

[1] *Nouv. Recueil des Épigram. franç.*, t. Ier, p. 277.

[2] Lafolie, *Mém. hist. relat. à la fonte et à l'élévat. de la statue équestre de Henri IV*, 1819, in-8°, p. 263-264.

[3] Année 1614, p. 491-492.

[4] Louis Savot, *Disc. sur le subjet du colosse du grand*

le roi d'Espagne[1], accepta ce travail, mais mourut, en 1608, avant de l'avoir achevé. Pierre Tacca, son meilleur élève, continua l'œuvre. Quoïqu'il eût, aux prières du grand-duc, pressé lui-même par Concini, tout ajourné pour cela[2], il n'eut fini qu'en 1613.

Le 30 avril, cheval et cavalier, qui pesaient ensemble 12,400 livres, furent embarqués à Livourne sous la conduite du chevalier Pescholini, agent du grand-duc, et de l'ingénieur Antonio Guido. En vue de la Sardaigne le bâtiment fit naufrage. A grand'peine la statue fut retirée du sable et transbordée sur un autre navire que prêtèrent les Génois[3].

roy Henry, etc., in-8°, s. d., p. 12.—Dupré était *contrôleur des effigies* pour la Monnaie. (*Mél. de la Soc. des Biblioph.*, 1856, p. 187.) Peut-être Franqueville modela-t-il la figure du roi d'après une de ses médailles, et est-ce pour cela que cette figure lui fut attribuée.

[1] L. Savot, p. 10.

[2] Baldinucci, *Notizie dei professori del disegno*, Firenze, 1702, in-8°, p. 356.

[3] *Embarquement, conduite, péril et arrivée du Cheval de Bronze, ensemble les Cérémonies*, par Claude Jourdan, huissier des comptes et trésor parisien, 1614, in-8°, p. 5.—Ce livre rare ressemble, pour le style enflé, au *Disc. de la Statue et représentation de Henry le Grand, mise et élevée au milieu du Pont-Neuf*, dédié aux magnanimes François, par J.-Ph. Varin, Bernois.

Après d'autres vicissitudes, qu'on exagéra, et dont il nous manque un récit authentique, elle parvint à franchir le détroit de Gibraltar, toucha le port du Havre, d'où Pescholini accourut donner la nouvelle à la cour ; puis remontant la Seine sur un bateau plat, elle arriva, dit un témoin[1], « au port de salut, au pied du pied d'estail, déjà préparé pour y poser l'image de nostre grand roy. »

Louis XIII en avait posé la première pierre un mois auparavant.

On était à la fin de juin 1614. Il avait donc fallu plus d'une année pour accomplir le périlleux voyage. La reine et son fils étaient à Saint-Germain depuis quinze jours[2], et il ne paraît pas qu'ils revinrent à Paris pour la bienvenue du monument, si attendu pourtant. Ils se mirent même en route pour le Poitou, le 6 juillet[3], sans l'avoir vu.

Ce n'est donc qu'à son retour que la reine put écrire à Tacca, et lui dire son opinion sur l'œuvre achevée par lui. Sa lettre, datée du 10 octobre 1614, témoigne de sa satisfaction. Comme il avait surtout travaillé à la

---

[1] Cl. Jourdan, p. 7.
[2] *Lettres de Malherbe à Peiresc*, p. 381-382.
[3] *Ibid.*, p. 392.

12

figure du roi, c'est aussi pour cela surtout qu'elle le félicite : elle la trouve, dit-elle : « *Degna veramente di quello che rappresenta*[1]. »

Quand cette lettre, qui enlève si clairement à Dupré sa part dans l'œuvre, pour la laisser toute à Tacca, fut écrite par Marie de Médicis, il y avait six semaines que la statue était sur son socle. On l'y avait placée, nous l'avons dit, le 23 août, en grande pompe, devant les dignitaires du Parlement et de la Ville : *le premier président*, M. de Verdun ; *le prévôt de Paris*, M. Séguier de Saint-Brisson ; *le prévôt des marchands*, M. Fr. Miron, rentré en fonction depuis douze jours[2] ; et les *trésoriers généraux de France*, Lefebvre, Dumoulin, de Gaulmont, Godeffroy Vallée, Almeras, Dedonon et Legras, « tous commissaires ayant l'intendance de la construction du Pont-Neuf de Paris. » Pescholini et Guido ; Franqueville, premier sculpteur, et Bordoni, son gendre, sculpteur ordinaire, étaient aussi de la cérémonie. C'est même Franqueville qui fit dresser le procès-verbal par deux notaires.

Peu de mois après, une des plus solen-

---

[1] Baldinucci, p. 357.
[2] *Lettres de Malherbe à Peiresc*, p. 401.

nelles processions qu'on eût vues à Paris défila devant la statue. C'était celle des États qui, le 27 octobre, s'en allait par le Pont-Neuf, de la salle des Augustins, où devaient se tenir les séances, à la salle du Petit-Bourbon, où l'attendait le roi, « assis sur les fleurs de lis[1]. »

Le monument n'était pas achevé. Au piédestal manquaient les quatre esclaves enchaînés, commandés à Franqueville, et qui devaient flanquer les angles. Il mourut avant qu'ils fussent terminés, et Bordoni s'en chargea. Le peuple cependant murmurait de voir qu'on ne finissait rien. Il s'en prit à Concini, puis à Luynes[2], et les choses n'allèrent pas plus vite. Il fallait Richelieu pour tout achever.

En 1635 seulement le piédestal fut complet, tel que l'avait dessiné le Florentin Civoli[3]: les quatre esclaves étaient à leur poste et les quatre bas-reliefs à leur place, ainsi que les inscriptions[4]. On put enfin juger de l'effet d'ensemble. Les esclaves furent trouvés trop

---

[1] *Lettres de Malherbe à Peiresc*, p. 415.

[2] *Recueil des pièces les plus curieuses faites pendant le règne du connétable de Luynes*, 1632, in-8°, p. 110.

[3] M. Castellan, dans un de ses articles du *Moniteur*, 14 mai 1814, doute que le dessin fût de Civoli, parce qu'il mourut en 1613. Est-ce une raison?

[4] On peut les lire dans Piganiol, t. II, 53-54.

petits[1], et le cheval moins beau que le cavalier[2]; la statue aussi parut mal placée : au lieu de faire face à l'entrée de la place Dauphine, elle la regardait de travers! Ces critiques à part, on fut content.

Le peuple fit de cette statue son idole, mais ne prouva pas toujours son adoration par son respect. Le lieu le plus sale de Paris était la petite place du Roi de Bronze[3]. Une grille eût été nécessaire dans toute la largeur du terre-plein. On n'y songea qu'en 1662 : encore fallut-il qu'un particulier, le sieur Dupin, aide des cérémonies, en fît les frais[4]. Auparavant, pour défendre le roi populaire des ordures du peuple, il n'y avait qu'une balustrade assez basse, autour du piédestal. C'est Richelieu qui l'avait fait mettre, avec une belle inscription où il ne s'était pas épargné les éloges[5].

Le jour on respectait la balustrade, mais la nuit! Un des raffinés du temps, le comte de

---

[1] Sauval, *Antiquités de Paris*, t. Ier, p. 236.

[2] *Ibid.* — Les artistes préféraient le cheval du Louis XIII de la place Royale; les écuyers, celui du Henri IV. (*Mém. inéd.* de J. Rou, t. II, p. 28.)

[3] Cl. Petit, *Paris ridicule*, édit. Delahays, p. 33-34.

[4] *V. Traité de la Police*, ordonn. du 19 fév. 1662.

[5] *V.* plus loin, p. 474, 608.

Rochefort[1], parlant par l'organe malheureusement un peu menteur de Sandras de Courtilz[2], va nous dire comment un soir il franchit cette barrière et se hissa, avec

[1] *Mémoires*, p. 152.

[2] Nous avons, par bonheur, pour les voleries de gentilshommes dont il va être parlé, un autre témoignage que celui de Sandras. Sorel, dans le *Francion*, s'en explique aussi clairement : « A peine le croiriez-vous, fait-il dire à Marsault le *tirelaine*, il y a des seigneurs les plus qualifiés que je ne veux pas nommer, qui se plaisent à suivre nos coutumes et nous tiennent fort souvent compagnie la nuit : ils ne daignent pas s'arrêter à toutes sortes de gens, comme nous ; ils n'arrêtent que les personnes de qualité, et principalement ceux qui ont mine d'être courageux, afin d'éprouver leur vaillance contre la leur. Néanmoins, ils prennent aussi bien les manteaux, et font gloire d'avoir gagné cette proye à la pointe de l'épée. De là vient qu'on les appelle tiresoyes, au lieu que l'on ne nous appelle que tirelaines. » (*Francion*, 1663, in-12, p. 73). — Les gentilhommes ne s'en tenaient pas là : la nuit, le Pont-Neuf servait de théâtre à leurs guet-apens contre les gens dont ils voulaient tirer une vengeance sûre et sans péril. En ce cas, c'étaient les filous qui prenaient d'eux exemple, comme on va voir par ce passage d'une des premières comédies de P. Corneille, la *Galerie du Palais*, acte I, scène IX :

DORIMANT.

Eh bien, elle s'appelle....

de Rieux, jusque sur le cou du cheval de bronze pour mieux voir les prouesses larronnes de Gaston d'Orléans et des ses gentilshommes, qui s'étaient cette nuit-là improvisés *tirelaines* :

« Je ne cherchois qu'à passer mon temps, dit-il, et le hasard ayant voulu que je fisse coterie avec le comte d'Harcourt, cadet du duc d'Elbeuf d'aujourd'hui, je me trouvai un jour engagé dans une débauche où, après avoir bu jusqu'à l'excès, on proposa d'aller voler sur le Pont-Neuf.

« C'étoient des plaisirs que le duc d'Orléans avoit mis à la mode en ce temps-là, ainsi j'eus

CLÉANTE.

Ne m'informez de rien qui touche à cette belle.
Trois filous rencontrés vers le milieu du Pont,
Chacun l'épée au poing, m'ont voulu faire affront,
Et, sans quelques amis qui m'ont tiré de peine,
Contre eux ma résistance eût peut-être été vaine ;
Ils ont tourné le dos, me voyant secouru,
Mais ce que je suivois tandis est disparu.

DORIMANT.

Les traîtres ! trois contre un ! t'attaquer, te surprendre !
Quels insolents vers toi s'osent ainsi méprendre ?

CLÉANTE.

Je ne connois qu'un d'eux, et c'est là le retour
De quelque tour de main qu'il reçut l'autre jour,
Lorsque m'ayant tenu quelques propos d'ivrogne,
Nous eûmes prise ensemble à l'hôtel de Bourgogne.

beau dire avec quelques autres que je n'y voulois point aller, les plus forts l'emportèrent et il me fallut suivre malgré moi.

« Le chevalier de Rieux, cadet du marquis de Sourdéac, qui avoit été de mon sentiment, ne fut pas plutôt arrivé sur le Pont-Neuf qu'il me dit que, pour ne point faire comme les autres, il nous falloit monter sur le cheval de bronze, et que nous verrions de là tout à notre aise ce qui se passeroit. Aussitôt dit, aussitôt fait ; nous grimpons du côté de la tête, et, nous servant des rênes pour mettre notre pied, nous fîmes si bien que nous nous assîmes tous deux sur le cou.

« Les autres étoient cependant à guetter les passants et prirent quatre ou cinq manteaux ; mais quelqu'un qui avoit été volé ayant été se plaindre, les archers vinrent, et nos gens, ne trouvant pas la partie égale, s'enfuirent d'une grande vitesse. Nous en voulûmes faire autant, mais les rênes ayant cassé sous le chevalier de Rieux, il tomba sur le pavé, pendant que je demeurois perché comme un oiseau de proie.

« Les archers n'eurent que faire de lanterne sourde pour nous découvrir, le chevalier de Rieux, qui s'étoit blessé, se plaignoit de toute sa force, et étant accourus au bruit, ils m'aidèrent à descendre malgré moi et nous menèrent au Châtelet. »

Rochefort et de Rieux, bien qu'innocents, faillirent payer cette escapade de Gaston et les manteaux qu'il avait volés, l'indigne! au pied même de la statue de son père. On les retint quelques mois dans une geôle, et peu s'en fallut qu'une bonne potence ne les fît repentir de s'être mêlés à ces gentillesses [1].

C'étaient là jeux de prince, et mieux valaient certes les passe-temps de galanterie de ces amoureux dont nous parle Fr. Collette en

---

[1] L'Estoile se plaint de ce qu'on faisait justice des petits et non des gros larrons : « Le lundi 11 de ce mois (oct. 1610), fust pendu, dit-il, au bout du Pont-Neuf, à Paris, un de ces tire-manteaux sur la brune, pauvre garson qui n'avoit que le cul et les dents. Je ne dis pas que ce ne soit bien fait de purger la ville de tels matois, brigandeaux et tirelaines, de peur d'y ouvrir la porte au meurtre et au brigandage; mais de laisser aller impunis les gros larrons, espargner les assassins, comme on fait tous les jours, et ne point punir les séditieux qui doivent avoir pour partage le corbeau et la fourche, je dis que c'est faire la justice en guise d'araignée : tuer beaucoup de mouches, mais non pas les gros bourdons, car quand nos juges font justice aujourd'huy, ils ne la font guère que d'hommes bas et vils. »

son *Tracas de Paris* [1], et qui, désertant les abords du *Puits d'Amour,* devers la Grande-Truanderie, acoquinaient désormais leurs rendez-vous aux alentours du *Cheval de Bronze.* Ils venaient d'ordinaire à l'heure des *tirelaines,* et, comme on eût pu dire dans le style précieux du temps, ils leur faisaient concurrence de larcins.

Le chapitre du *Tracas de Paris,* par Colletet, dont nous voulons parler, est intitulé : *Les Promenades du Pont-Neuf, les entretiens du soir et les aventures amoureuses qui s'y passent;* en voici les premiers et les meilleurs vers :

> En vérité ce clair de lune
> Contribue à notre fortune.
> Voilà l'heure que le bourgeois
> Et le plumet, à belle voix,
> Meine bourgeoise ou damoiselle,
> A la promenade assez belle,
> Et triomphe en habit tout neuf
> Sur les vastes quais du Pont-Neuf.
> Quoy qu'il soit entre dix et onze,
> Donnons vers le Cheval de Bronze;
> Tu verras là mille beautez,
> Et les amants à leurs costez,
> Qui parlent de leurs amourettes
> Et se content mille fleurettes...

[1] *V.* le recueil publié par le bibliophile Jacob, *Paris ridicule et burlesque au XVII*e *siècle;* Paris, Delahays, 1859, in-12, p. 250.

VI

Mailliet, le *Poëte crotté* de Saint-Amant.—Les stations près du Cheval de Bronze.—Les *marchands de Gazettes* du Pont-Neuf et du quai des Augustins.—Maître Guillaume et Mathurine au Pont-Neuf, vendant leurs *fadaises*.—Le comte de Permission, et ses divers métiers, et ses profits.—Les bouquinistes du Pont-Neuf, avant la Fronde.—Leur guerre avec les libraires.—La *Samaritaine*.—Son histoire.—Lintlaër le Flamand et ses inventions.—Henri IV le protége.—Son logement dans les piles du Pont-Neuf.—Le carillon de la *Samaritaine*.—Le *clocheteur* de bronze.—Comment il joue sur le Pont-Neuf le rôle du Pasquin et du Marforio romains.—Coup d'État du maréchal d'Ancre contre lui.—Loret au Pont-Neuf.

Le jour, poëtes et gueux, charlatans et chanteurs, étaient les assidus courtisans du Roi de Bronze. Pour bien connaître les premiers, il faut nous adresser à Saint-Amant, qui, aux pages les plus vives de la *Gazette du Pont-Neuf* et du *Poëte crotté,* nous peint en un seul type, le gueux dépenaillé et le rimeur fanfaron.

Ce type singulier, ce poëte complexe et mi-parti, tout farci de rimes et de haillons, dont la misère fait la nique aux richesses du quai voisin et à la dorure de la Samaritaine[1]; qui, à défaut de feutre, se coiffe de lauriers[2], et, faute de manteau, se drape dans sa morgue pédante, en pleine vanité poétique,

[1] *V.* plus bas, p. 337.— Les figures du Christ et de la Samaritaine, sur la façade du petit château, étaient dorées déjà, comme elles le furent plus tard. (*Les Harangues burlesques....*) *dédiées à la Samaritaine du Pont-Neuf, par Monsieur Raisonnable,* 1661, in-8°.

[2] C'est à peu près ce que Maynard dit de lui :

> Muses, quand Mailliet vous demande
> Que vous lui fournissiez de quoi
> Mettre un chétif pourpoint sur soi,
> Vous le payez d'une guirlande.
> Cependant l'incommodité
> Que lui donne sa nudité
> Ébranleroit un philosophe.
> Traitez-le plus utilement :
> Le laurier n'est pas une étoffe
> Dont il veuille un habillement.

Tallemant conservait de lui, dans un de ses *portefeuilles*, un placet en quatrain qui ne se trouve pas dans les deux volumes qu'il a publiés : les *Poésies du sieur* DE MAILLIET *à la louange de la reyne Marguerite*; Paris, Jean Hérault, 1612, in-8°; les *Épigrammes de M.* DE MAILLET, *Périgordin, augmentés en cette seconde édition*; Paris, 1622, in-8°.—Voici ce quatrain :

> Plaise au roy me donner cent livres
> Pour des livres et pour des vivres.
> Des livres, je m'en passerois;
> Mais de vivres, je ne sçaurois.

c'est le *Périgordin* de Mailliet, jadis attaché à la maison de la reine Marguerite, maintenant commensal trop souvent à jeun du héros *califourchonné,* qu'en son bon temps il connut, époux goguenard de sa première maîtresse.

Vous le voyez, dit Saint-Amant :

> Vous le voyez sur le Pont-Neuf,
> Tout barbouillé d'un jaune d'œuf,
> Depuis sept heures jusqu'à onze
> Faire sa cour au Roi de Bronze....
> Il vous traîne une longue latte
> Dedans un vieux fourreau de natte
> Pendue au bout d'un maroquin
> Qui vous sangle son casaquin;
> Tantôt il vous porte une broche
> Qui fait garde devant sa poche,
> De peur qu'en y mettant la main
> On ne prît son quignon de pain [1]....
> Tous ceux qui, domptant leur paresse,
> S'en vont de bonne heure à la messe,
> Le rencontrent tous les matins
> Sous le portail des Augustins,
> Et voyant sous son étamine [2]
> Grouiller les monceaux de vermine,

[1] Guillaume Colletet, qui l'avait connu, nous parle de cette longue et inoffensive épée; de la barbe en désordre, des cheveux hérissés, de la mine hagarde et de la haute taille du poëte.

[2] Furetière, qui devait encore le reprendre à partie sous le nom de Mytophilacte dans son *Roman bourgeois* (*V.* notre édition, p. 311, 312), a parlé

Lui jettent l'aumosne en passant
Qu'il ramasse en les maudissant [1].

Se tenant sous le portail des Augustins, notre poëte est là, comme auprès du cheval de bronze, dans son vrai domaine, sur son véritable sol, chez lui enfin : non point parce que cette aumône, qu'il reçoit d'une façon si superbe, lui arrive là plus prompte et plus

ainsi de Mailliet et de son accoutrement dans sa satire les *Poëtes* :

> On sçait qu'assez souvent Mailliet demeure au lit
> Durant qu'un ravaudeur lui panse son habit ;
> Sans qu'aucune partie en son corps soit blessée,
> La jambe lui fait mal quand sa chausse est percée ;
> Et quoiqu'il ait sur soi plus que son revenu,
> Souvent sans cette ruse il marcheroit tout nu.

[1] Il tâchait aussi de vivre un peu des chansons qu'il vendait aux chanteurs, mais il n'y réussissait guère : « Ce pauvre poëte, dit Tallemant, alla trouver une femme qui chantoit sur le Pont-Neuf ; il lui demanda combien elle donnoit de la plus belle chanson. « Un « écu ; mais si elle étoit si belle, si belle, on iroit « jusqu'à quatre livres. » Il lui promit qu'elle seroit admirable. La voilà imprimée. Ce n'étoient qu'*astres*, que *soleils*. On n'en vendit pas une. La chanteuse le mit en procès. Il va trouver Gombaud, lui conte l'affaire ; Gombaud rendit l'écu qu'il avoit reçu, et le procès fut terminé. » (*Historiettes*, édition in-12, t. X, p. 169.).

abondante[1], mais parce qu'il s'y trouve sur le terrain des nouvellistes, des faiseurs de *gazettes*, c'est-à-dire au centre des chimères et des fantaisies.

Tout ce qui se débitait de nouvelles vraies ou fausses, de gazettes à la main, de pamphlets, de libelles, se trouvait sur le quai des Augustins. Aujourd'hui, comme pour conserver un peu la tradition, on y vend encore des livres; mais peut-être que Colletet, voyant ce qu'ils sont, regretterait même les sottes *gazettes* qu'on lisait avec tant d'avidité de son temps.

C'était, à chaque boutique gazetière,—vous voyez que l'industrie n'est pas nouvelle,—je ne dis pas une foule, mais une cohue de lecteurs. Qu'on en juge par cette description que le bon Colletet place à bon droit parmi ses *Tracas de Paris* :

Parmi ces gens en voilà deux
Fichés tout droits, comme des pieux;

---

[1] On y trouvait même trop bien de quoi narguer sa misère à jeun. Quand on saisissait chez un boucher de la viande en carême, c'est aux Augustins qu'on l'apportait. (*Historiettes*, édit., in-8°, t. III, p. 329.)— Plus tard, par ordonnance du 3 juin 1679, c'est sur ce quai que le marché au pain fut transféré.

D'autres, rangés sous l'étalage,
Tout ainsi, comme des images ;
Ceux-là dessus un banc pressés ;
Ceux-ci sous la porte entassés.
Car chaque boutique est si pleine,
Qu'on n'y sauroit tenir qu'à peine.
Celui qui lit plus promptement
Prête à l'autre un commencement.
Un autre curieux demande
Une *Gazette de Hollande*,
Et celui-ci celle d'Anvers....

Du quai des Augustins, qui en était le principal refuge, les *gazettes* débordaient jusque sur le Pont-Neuf, et, bien entendu, les nouvellistes suivaient[1]. Pendant la Fronde, au bon temps des *mazarinades* de tout texte et de tout esprit, les libelles se *criaient* en même temps que les chansons se chantaient[2], et

---

[1] Nous lisons dans l'*Interprète des escripts du temps*, 1649, in-4° :

L'on ne sçauroit marcher trois pas
Dans le palais, ici, là-bas,
Le Pont-Neuf, au cheval de bronze,
Que, de douze, n'en trouviez onze
Qui diront que Machiavel
A fait un livre bien cruel ;
Que les maximes de Florence
Sont bien funestes à la France.

[2]   Les rares chansons du Pont-Neuf
Épousent les rares libelles ;

tous ensemble se vendaient, s'enlevaient par douzaines dès le matin.

Gazettes et pamphlets sortant de la presse se débitaient, selon Gabriel Naudé, comme les petits pâtés sortant du four, « à la même heure qu'on vendait à Rome le déjeuner des petits enfants :

« Surgite, jam vendit pueris jentacula pistor. »

Chaque niche du Pont-Neuf avait son vendeur de journaux, colportant ses petites calomnies, ses médisances plus ou moins acérées, pour un ou pour deux sous la feuille [1].

> On les ouït entre huit et neuf,
> Les rares chansons du Pont-Neuf.
> Leur papier est moins blanc qu'un œuf,
> Mais mon laquais les trouve belles.
> Les rares chansons du Pont-Neuf
> Épousent les rares libelles.

Œuvres de Saint-Amant, Paris, 1661, in-12, p. 368; Les Nobles Triolets.)

[1] On y vendait même des caricatures de toutes sortes. Sous Louis XIII, on en trouvait un grand nombre tournant en ridicule la morgue et les modes espagnoles : « Sous les charniers des Innocents et au bout du Pont-Neuf, lit-on dans le *Mascurat* (p. 187), on voit des Espagnols en taille-douce qui ressemblent mieux à des diables ou à des monstres qu'à des hommes..... »

Ces trafiquants de nouvelles se glissaient partout ; s'il y avait un embarras sur le pont, soyez sûr que quelque marchand de *gazettes* s'y trouvait empêtré :

> On voit tout le monde qui fuit,
> Et même un vendeur de gazettes
> S'est trouvé pris dans les charrettes,
> Qui l'ont pressé jusqu'à tel point
> Qu'elles ont rompu son pourpoint,
> Déchiré toute sa chemise,
> Et fait tomber sa marchandise [1].

Quelquefois les auteurs eux-mêmes y venaient offrir leurs ouvrages aux passants. De Cailly, dit-on, y débita ainsi ses poésies, mais *gratis*, il n'en voulait qu'un peu de renommée. Maître Guillaume, le fou à titre d'office, et pensionné [2] de Henri IV et de Louis XIII, s'était fait ainsi sur le Pont-Neuf, colporteur des bouffonneries imprimées sous son nom [3]. Sa commère la folle Mathurine, que le roi faisait parfois dîner avec lui pour s'amuser

---

[1] Berthaud, *la Ville de Paris en vers burlesques*, in-12, p. 36, 37.

[2] *V.* nos *Variétés hist. et litt.*, t. VI, p. 129.

[3] *Ibid.*, t. IV, p. 34 ; p. 282, et les *Caquets de l'accouchée,* édit. elzévirienne, p. 263.

de ses extravagances[1], faisait sur le Pont-Neuf concurrence à maître Guillaume. Vêtue comme une virago, armée de pied en cap, le feutre sur l'oreille[2], elle y vendait pour quelques deniers les *fadaises,* comme les appelle L'Estoile, qu'on avait décorées de son nom, pour leur donner une enseigne de folie. A ce commerce, qu'elle cumulait avec le trafic plus lucratif de porteuse de *poulets,* elle gagna du bien, et ne fut plus folle. Son fils, qu'elle avait fait élever à merveille, n'eut pas besoin de ces bas métiers. Il excella comme joueur de luth, sous le nom de Blanc-Rocher[3].

Un autre qui se trouva fort bien aussi de ce négoce, si bien achalandé sur le Pont-Neuf, où la grimace d'une folie jouée servait d'enseigne à des fadaises empruntées, ce fut le fameux Bluet-d'Arbères, comte de Permission, dont M. Delepierre, en sa *Biographie des fous,* a récemment écrit la vie, ébauchée déjà dans quelques pages charmantes de Nodier[4].

Il était venu de Savoie, pour jouer ce rôle de fou, et pour s'en faire un masque d'espion.

---

[1] *Variétés hist. et litt.*, t. IV, p. 168, note.
[2] *Ibid.*, t. VIII, p. 274, note.
[3] Tallemant, *Historiettes*, édit. in-12, t. Ier, p. 195
[4] *Bulletin du Bibliophile*, nov. 1835, p. 32.

Je ne sais si son prince le paya bien de son espionnage, mais il est sûr que les seigneurs près desquels il avait su se glisser, pour mieux vendre leurs secrets, après lui avoir fait acheter ses folies, furent très-généreux pour lui. Ses 180 petits livrets, qui sont si recherchés des bibliophiles, dont pas un ne peut se vanter d'avoir le recueil complet[1], lui firent récolter, de son aveu même, la somme si considérable alors de quatre mille écus ! « *le Cid, Cinna, les Horaces*, dit Nodier, n'ont pas tant rapporté à Corneille. »

Ainsi le Pont-Neuf ne se contentait pas d'être le plus gigantesque et le plus varié des spectacles en plein vent, c'était aussi le plus immense des cabinets de lecture. Je ne dis pas cela seulement pour les gazettes et pasquils dont on y faisait marchandise, mais pour les livres aussi qui s'y trouvaient en multitude, et pour lesquels les deux longs parapets s'étendaient comme le double rayon de la plus vaste des bibliothèques.

Boileau, sans doute, nous a donné une assez triste idée des volumes qui s'y vendaient, quand il nous parle des poëmes nauséabonds,

[1] *Variétés hist. et litt.*, t. VIII, p. 82.

tristes reliefs du festin des rats, qui, à l'entendre,

Paraient demi-rongés les rebords du Pont-Neuf.

Furetière aussi, dans son *Roman bourgeois*[1], nous en fait, j'en conviens, augurer assez mal lorsqu'il nous nous dit de son pédant : « Il alloit sur le Pont-Neuf chercher les livres les plus frippez, dont la couverture estoit la plus déchirée, qui avoient le plus d'oreilles, et tels livres estoient ceux qu'il croyoit de la plus haute antiquité. » Eh bien ! malgré cela, j'ai peine à mal penser des bouquins du Pont-Neuf.

Ce qui me ferait en bien juger, c'est la jalousie que conçurent les libraires de Paris contre les gens qui en faisaient négoce, jalousie qui les poussa jusqu'à intenter un procès à ces pauvres diables.

Leurs priviléges ne leur suffisaient pas ; ce n'était pas assez pour eux d'avoir, en outre du droit de vente en boutique, celui que leur avait concédé l'arrêt du Conseil du 30 janvier 1619, d'établir des étalages en plein vent depuis le quai de l'École jusqu'au bout de la rue

---

[1] V. notre édition, *Biblioth. elzévirienne*, p. 283.

de l'Arbre-Sec, à la croix du Trahoir. Les minces profits que pouvaient faire les bouquinistes leur faisaient ombrage : ils leur cherchèrent chicane, et, ayant pour eux la raison du plus fort, ils l'emportèrent.

D'après ce considérant superbe, qu'il fallait « remettre l'imprimerie et la librairie en honneur, et retrancher les choses qui tendent à son avilissement[1], » ils obtinrent en 1649, contre les étalagistes, un règlement qui défendait « à toute personne d'avoir aucune boutique portative, ni d'étaler aucuns livres, avec

---

[1] Ces graves libraires trouvaient peut-être que les romans dont on faisait grand commerce sur le Pont-Neuf avilissaient le métier ; mais, avant d'arriver là, il avait fallu que ces livres sortissent de chez eux. En 1643, ces *romans*, débités sur le Pont-Neuf, avaient fait le sujet d'un ballet qui eut une grande vogue et qui ne fit sans doute qu'exciter davantage la jalousie de messieurs de la librairie. En voici le titre : *Le Libraire du Pont-Neuf ou les Romans*, ballet à dix-huit entrées, s. l. n. d., in-4°. On y voit entrer en danse l'*Amadis* avec l'*illustre Bassa* de Scudéri ; *don Quixotte* avec les *Amants volages*. Il en parut un récit en vers, le *Ballet du Pont-Neuf ou les Romans*, adressé à M. Scarron, Paris, 1643, in-4°. Il se trouve aussi raconté dans une pièce de vers que M. Monmerqué possédait manuscrite : *Épistre du ballet des Romans*.

injonction à tous les marchands libraires et imprimeurs, et toutes autres personnes ayant étalage, principalement sur le Pont-Neuf ou ès environs, ou en quelque endroit de la ville que ce puisse être, de se retirer et prendre boutique, à peine d'être châtiés comme réfractaires aux ordonnances, outre la confiscation de leurs marchandises, adjugées au profit du premier qui les dénoncera, sans autre forme ni figure de procès [1]. »

Ce bel arrêt ne fut pourtant pas irrévocable. En septembre 1650, la chose restait encore en litige [2], mais c'était pour tourner, en fin de compte, au profit des libraires et à la ruine définitive des bouquinistes.

Gui Patin en écrit ainsi sous la date du 30 septembre : « Il y a ici un plaisant procès entre les libraires. Le syndic a obtenu un nouvel arrêt, après environ trente autres, par lesquels il est défendu à qui que ce soit de vendre ni d'étaler des livres sur le Pont-Neuf. Il l'a fait publier et a fait quitter la place à en-

---

[1] Saugrain, *Code de la Librairie*, p. 110.

[2] Sur cet appel des bouquinistes, il fut fait une pièce de vers : *Requête du Pont-Neuf à nos seigneurs de la Basoche*, etc. (V. le *Recueil des poésies de divers auteurs*; Paris, Augustin Besogne, 1670, in-12. p. 288.)

viron cinquante libraires qui y estoient, lesquels sollicitent pour y rentrer, et enfin ils ont obtenu un terme de trois mois, afin que, durant ce temps-là, ils puissent trouver des boutiques. »

Cette sentence, longtemps retardée, fut un vrai deuil pour les gens de lettres, quand on en vint à l'exécuter dans toute sa rigueur[1]. Avec les étalages du Pont-Neuf, librairies accessibles et à bon marché, les seules par conséquent qui ne fussent pas interdites à leurs bourses, ils perdaient l'unique moyen qui leur restait d'acheter des livres.

« Autrefois, dit l'un d'eux, qui pourrait bien être Baluze, car la pièce, naïve expression de ces regrets, est toute de la main du savant bibliothécaire de Colbert[2], autrefois une bonne partie des boutiques du Pont-Neuf estoient occupées par des libraires qui y portoient de

---

[1] Au XVIIIe siècle, l'arrêt n'était pas encore révoqué, les bouquins étaient toujours proscrits des parapets du Pont-Neuf. Jordan, dans sa course de bibliomane dans Paris, sous la Régence, ne put glaner qu'aux environs, sur les quais des *Augustins* et du *Pont-Neuf*. (*V.* son *Voyage littéraire*, p. 37, 40, 78.)

[2] *Bibliothèque de l'École des Chartes*, 2e série, t. V, p. 370.

très-bons livres qu'ils donnoient à bon marché. Ce qui estoit d'un grand secours aux gens de lettres, lesquels sont ordinairement fort peu pécunieux...

« Aux estallages on trouve de petits traitez singuliers qu'on ne connoît pas bien souvent, d'autres qu'on connoît à la vérité, mais qu'on ne s'avisera pas d'aller demander chez les libraires, et qu'on n'achète que parce qu'ils sont à bon marché, et enfin de vieilles éditions d'anciens auteurs qu'on trouve à bon marché, et qui sont achetées par les pauvres, qui n'ont pas moyen d'acheter les nouvelles. »

L'anonyme tire ensuite cette conclusion : « Ainsy il me semble qu'on devroit tolérer... les estallages, tant en faveur de ces pauvres gens qui sont dans une extrême misère, qu'en considération des gens de lettres, pour lesquels on a toujours eu beaucoup d'esgars en France; et qui, au moyen des deffenses qu'on a faittes, n'ont plus les occasions de trouver de bons livres à bon marché. »

Enfin, cherchant les raisons qui ont pu engager le gouvernement à faire cause commune avec les libraires et à frapper les étalagistes du Pont-Neuf, il arrive à celle-ci : « On dit... contre ces pauvres gens, que, sous ce prétexte, ils distribuent des livres de contrebande, etc. » Or, voilà indiqué et touché du doigt le véritable motif de la proscription.

Oui, c'est comme vendeurs de livres dangereux que les étalagistes sont poursuivis, et cela non pas sans cause, il faut bien en convenir. Qu'on se le rappelle bien, en effet, les années 1649 et 1650, qui servent de dates aux arrêts prohibitifs, sont l'époque la plus turbulente de la Fronde, la plus féconde en pamphlets amers et en gazettes scandaleuses. Où se vendent ces pamphlets, où se débitent ces gazettes? Aux étalages du Pont-Neuf. Les détruire, c'est mettre à néant l'arsenal envenimé des rebelles. Le ministre n'a donc pas manqué de prudence et d'adresse; en paraissant servir la haine mercantile des libraires, c'est pour son propre compte qu'il a proscrit. Il est allé éteindre le feu dans son foyer même; car, encore une fois, et ici c'est un faiseur de *mazarinades,* c'est l'auteur du *Prédicateur déguisé*[1] qui va parler pour nous, le Pont-Neuf était l'arsenal des libelles, « la Sa-

---

[1] Cité par M. Moreau dans sa *Bibliographie des mazarinades,* Introduction.

maritaine estoit la bibliothèque de la Fronde. »

Ce mot, la *Samaritaine,* venant à tomber sous notre plume, nous donne belle l'occasion de vous faire enfin l'histoire de la célèbre fontaine. Nous ne la laisserons point échapper.

La *Samaritaine* était presque aussi vieille que le Pont-Neuf, dont elle devait rester le point le mieux en évidence, le plus vivant, le plus animé, sans même en excepter la place du cheval de bronze.

Jusqu'au temps de Henri IV, le Louvre et les Tuileries n'étaient fournis d'eau que d'une manière très-insuffisante. Ils n'en étaient alimentés que par la fontaine de la Croix-du-Trahoir. On cherchait le moyen de suppléer à ce peu d'abondance, quand le Flamand Lintlaër vint à Paris.

Il proposa au roi le plan d'une machine de son invention, qu'il prouvait devoir faire merveilles. Elle était facile à adopter au pont qui s'achevait, et semblait capable d'élever les eaux jusqu'à une hauteur d'où elles pourraient se répandre aisément dans la ville. Henri IV agréa le projet, et Lintlaër se mit à l'œuvre. Il ne lui fallait pas moins que toute une arche pour la disposition de ses pilotis.

Les magistrats municipaux s'en plaignirent. La Seine, disaient-ils, allait se trouver barrée, la navigation gênée, etc. Ils en vinrent jusqu'à faire intimer à Lintlaër l'ordre de cesser ses travaux [1]. Heureusement le roi était pour lui ; il intervint, et ce fut alors au prévôt Miron de céder. Voici ce que Henri IV avait écrit à Sully :

« Mon ami, sur ce que j'ai entendu que le prévost des marchands et échevins de ma bonne ville de Paris font quelque résistance à Lintlaër, Flamand, de poser le moulin servant à son artifice, en la deuxième arche du costé du Louvre, sur ce qu'ils prétendent que cela empêcheroit la navigation, je vous prie de les envoyer quérir et leur parler de ma part, leur remontrant en cela ce qui est de mes droits, car, à ce que j'entends, ils les veulent usurper, attendu que ledit pont est fait de mes deniers, et non des leurs [2]. »

Cette lettre est de 1605, et trois ans après, en 1608, Lintlaër avait si bien mené son travail, dès lors ininterrompu, que, sous la date

---

[1] Leroux de Lincy, *Histoire de l'Hôtel de ville*, in-4º, 2º partie, p. 8, 19, 34.

[2] *Mémoires de l'Académie des inscriptions*, t. XXX, p. 743.

du 3 octobre, Malherbe pouvait écrire triomphalement à Peiresc : « L'eau de la pompe du Pont-Neuf est aux Tuileries ! »

Sous Louis XIII, elle y alimentait, par un nouveau conduit, le jet d'eau qui était dans le parterre du logement de Mademoiselle[1]. De là, car Richelieu ne s'oubliait jamais, on la fit dériver jusqu'au Palais-Cardinal, mais sans la faire passer, comme le demandait Arthénice, par le jardin de l'hôtel Rambouillet, qui aurait ainsi gagné une belle fontaine[2], au lieu du chétif filet d'eau qui en était la seule

[1] Les Tuileries étaient un exil pour Mademoiselle. (*V.* ses *Mém.* Collect. Petitot, 2ᵉ série, t. XL, p. 401.) Elle en charmait l'ennui du mieux qu'elle pouvait, et surtout en s'efforçant d'embellir le château et son jardin. (*V.* le *Prologue* que mit Colletet en tête de la *Comédie des Tuilleries.*)

[2] « Un jour, madame de Rambouillet aperçut un grand jet d'eau qu'elle n'avoit point accoutumé de voir. Ce jet d'eau étoit dans le parterre du logement de Mademoiselle.... Elle considéra qu'il n'y avoit pas si loin qu'on ne pût conduire cette eau facilement dans le jardin de l'hôtel Rambouillet. Elle parie à madame d'Aiguillon pour en avoir la décharge : car la fontaine de l'hôtel Rambouillet n'a qu'un simple filet d'eau. Madame d'Aiguillon fut quelque temps sans lui répondre, et madame de Rambouillet lui envoya ce madrigal pour l'en faire

fraîcheur, et pour lequel Malherbe avait écrit ces vers en inscription :

> Vois-tu, passant, couler cette onde,
> Et s'écouler incontinent?
> Ainsi fuit la gloire du monde,
> Et rien que Dieu n'est permanent.

Lintlaër était expert en toute sorte d'industries. On lui avait bâti, pour lui et pour sa pompe, un fort beau bâtiment à deux étages[1] : cela ne lui suffit pas, il s'ingénia de se frayer

souvenir, car elle en a fait quelquefois de bien jolis :

> Orante, dont les soins obligent tout le monde,
> Gardez que le cristal dont se forme cette onde
> Qui dans le grand parterre à son trône établi,
> A la fin ne se perde au fleuve de l'oubli.

Mais il se trouva que cette eau n'avoit été conduite là qu'afin de la conduire après au Palais-Cardinal, c'est-à-dire que, comme il falloit la faire passer par là auprès, il fut de la bienséance d'en donner un peu à Mademoiselle ; mais la décharge étoit pour remplir le grand rond d'eau du Palais-Cardinal. » (Tallemant, *Historiettes,* édit. in-12, t. III, p. 228.)

[1] « Il y avoit des fenêtres sur le pont et sur la rivière. C'est à l'une de celles-ci, d'où l'on avoit une fort belle vue, que se plaça madame de Vertus pour bien voir le marquis de Sourdis administrer de sa part à Bautru une verte bastonnade sur le quai de l'École. » (Tallemant, in-12, t. III, p. 102.)

une voie jusqu'à l'intérieur des piles du pont, afin de s'y pratiquer des chambres. Il réussit pour la pile la plus voisine de la *Samaritaine*. Il s'y accommoda un réduit en cas d'incendie; crainte au moins singulière, avouons-le, pour un bâtiment servant de pompe ! Son fils étendit le projet après lui. Il s'ouvrit un chemin souterrain dans le massif de la pile la plus proche de la pompe, ce qui fut assez facile, les éperons de chacune n'étant pas pleins par le haut. Il ne s'en tint pas là. Par un étroit corridor creusé à coups de pics en pleine pierre, il fila le long des reins de la première et de la deuxième arcade. Il eut ainsi deux chambres, où il se proposa de faire descendre les jets de sa pompe. « Déjà, dit Sauval, il avoit placé si industrieusement quelques miroirs dans celle qui regarde le Pont-au-Change, qu'il voyoit à son aise tout ce qui se passoit sur la rivière et sur les quais de l'isle du Palais et de la Mégisserie, mais la mort fit avorter ses desseins si ingénieux et si galants. »

La Samaritaine lui survécut, empruntant son utilité de l'invention du bon Flamand, et son renom populaire, des figures [1], souvenirs

---

[1] Nous ne savons de qui était le premier groupe.

d'une divine légende, qui décoraient sa façade, et aussi du fameux carillon, dont le gai tapage éclatait à son faîte [1].

André Duchesne, dans son curieux livre des *Antiquités des villes et châteaux de France*, décrit ainsi le monument, son carillon et son horloge astronomique : « C'est, dit-il d'abord, partant du groupe sculpté sur la façade, et représentant Jésus-Christ avec la Samaritaine près du puits de Jacob, c'est une Samaritaine, laquelle verse de l'eau à Nostre-Seigneur, et au-dessus une industrieuse horloge qui non-seulement montre et marque les heures devant midy, et celles qui suivent aprez en descendant, mais encore qui sert à cognoistre

---

Quand on reconstruisit la Samaritaine au XVIIIe siècle, c'est René Fremin et Bertrand qui le sculptèrent. (Dargenville, *Vie des Sculpteurs*, t. II, 253.)

[1] Le premier carillon semble avoir été, comme le reste une invention de Lintlaër : « Il était mis en jeu, dit Lichtenthal, par des cylindres qui marchaient au moyen de roues hydrauliques. » (*Dictionnaire de Musique*, trad. de Mondo, t. Ier, p. 209.) — Louis XIV le dota d'une nouvelle sonnerie, dont les clochettes avaient été fondues par Drouard et Minville, les mêmes qui firent, en 1686, le carillon de Notre-Dame de Versailles. (Leroy, *Histoire de Versailles*, t. Ier, p. 153.)

quel chemin le soleil et la lune font sur notre horizon, représenté selon la diversité de leurs cours par une pomme d'ébène, voire qui représente les mois et les douze signes du zodiaque, compris dedans six espaces en muntant, et six espaces en descendant. Plus, quand l'heure est prête à sonner, il y a derrière l'horloge certain nombre de clochettes, lesquelles représentent tantôt une chanson, tantôt une autre qui s'entend de trez-loing, et est fort récréative. »

Duchesne, dans cette minutieuse description, n'oublie rien qu'une chose, mais qu'il pouvait, il est vrai, n'avoir pas connue, c'est le petit clocheteur, ou *crocheteur*, comme disait le peuple, lequel, placé au-dessus de l'horloge, y frappait les heures avec un marteau. Les Parisiens s'étaient grandement émerveillés du jeu de ce petit homme de bronze, auprès duquel n'était rien le petit More carillonnant de l'horloge du Marché-Neuf[1], ni le Jacquemard de Saint-Paul[2]; ils

---

[1] Du Breul, *Antiquités de Paris*, suppl., 1618, in-4º, p. 13. — A. Le Petit, *Paris ridicule*, édit. Delahaye, p. 41.

[2] *Ibid.*, p. 61.

restaient des heures entières pour le voir, puis pour le revoir.

Les faiseurs de libelles prétendirent, par malheur, ériger leur cher clocheteur en émule satirique du Pasquin et du Marforio romain. Ils le prirent pour enseigne de leurs malices et lancèrent leurs pamphlets sous son nom. On s'en émut chez les gens de justice, et, comme il était difficile de mettre la main sur les coupables, plus difficile encore de saisir tous les libelles, et surtout d'empêcher qu'on en fît de nouveaux, ce qu'on imagina de mieux, ce fut d'enlever le petit clocheteur[1].

---

[1] On le remplaça par une fleur de lis. (*Première continuation du Mercure françois*, in-8°, 1611, p. 37.) On trouve dans les *Rimes redoublées* de d'Assoucy, p. 17, une pièce qui a pour titre : *Plainte de la Samaritaine sur la perte de son Jacquemart et le débris de la musique de ses cloches*; mais il s'agit certainement d'une autre mesure, qui aurait eu pour la pauvre fontaine les mêmes effets que celle dont nous parlons. Nous n'avons pu en retrouver la date. Voici entre autres choses ce que d'Assoucy fait dire à la Samaritaine :

> Je n'étois pas si défroquée
> Du temps de messieurs les laquais
> Et mes paladins sans haquets
> Pour moi quittoient Margot la fée,

La verve des libellistes, ne sachant plus qui animer, s'en tarit pour quelque temps. C'est tout ce qu'on voulait à la cour ; quand le tapage moqueur eut bien cessé, on rétablit le petit homme de bronze. Le coup d'Etat n'avait duré qu'un an[1].

La Samaritaine, à cela, n'avait perdu que

> Cartes et dés et bilboquets....
> Les enfants les marionnettes,
> Les polissons leurs ricochets,
> Les courtisans leurs gaudinettes,
> Et les filous leurs tourniquets,
> Et que messieurs, portant serpettes,
> Mes valeureux taille-goussets
> Dont les mains gourdes, en pochettes
> Se réchauffent à peu de frais,
> Venoient ouïr de mes clochettes
> Les tons si doux et si parfaits.

[1] C'est du moins ce que donne à penser une pièce que nous avons déjà citée et qui est reproduite dans nos *Variétés hist. et litt.*, t. IV, p. 227 : la *Lettre consolatoire escripte par le général de la compagnie des crocheteurs de France à ses confrères, sur son rétablissement au-dessus de la Samaritaine du Pont-Neuf, narrative des causes de son absence et voyages pendant icelle....* par N. Horry, du lieu de Barges en Bassigny (1612, in-8º). Il paraîtrait, d'après cette pièce, que la figure du nouveau crocheteur n'avait pas d'ailes comme la première et portait une bouteille à la main (P. 135, 238).

quelques mois de malice, dont elle prit bien sa revanche par la suite. Toutefois, sa popularité n'avait pas été atteinte; elle était inviolable. Claude Petit, qui médit si vertement de tout ce qu'il rencontre sur son chemin, ne trouve même pas une rime moqueuse contre la Samaritaine. En passant, il la salue d'un couplet presque flatteur :

> Donnons à la Samaritaine
> Le bonjour en chemin faisant;
> Son fantôme est assez plaisant,
> Accoudé sur cette fontaine :
> Que cette eau, sous ce pavillon
> Qui danse au son du carillon,
> Fait un agréable spectacle :
> Mais Dieu, qui lui tient le vaisseau
> Ferait bien un plus beau miracle
> S'il changeoit en bon vin son eau.

Quant aux nouvellistes, ils préféraient son voisinage, même aux bonnes causeries sous les ombrages du Luxembourg et des Tuileries, ou sur le seuil des librairies du quai des Augustins. Ils savaient que toute nouvelle curieuse ne s'apprenait que là. Loret n'allait pas glaner ailleurs les bruits qu'il mettait ensuite en rimes pour grossir les longues colonnes de sa *Muse historique*.

Il descendait de sa mansarde de la rue de

l'Arbre-Sec, saisissait au vol sur sa route quelques menus propos, et quand il avait passé une heure ou deux dans une réunion voisine de la Samaritaine, il pouvait rentrer ; ample provision était faite. Nouvelles de Paris, nouvelles des provinces et même de l'étranger, il y trouvait de tout la quintessence. Si, par malheur, il avait manqué à sa station ordinaire, on était sûr que sa muse, mal renseignée, ne s'évertuerait le samedi suivant qu'en rimes creuses et parasites. Il l'avoue une fois avec contrition, c'est le 25 août 1650, à propos de ce qui se passe en Gascogne, et dont il ne sait pas le premier mot :

> Si j'eusse été cette semaine
> Visiter la Samaritaine,
> J'eusse appris parmi les badauds
> Tout ce qui se passe à Bordeaux.

Qui donc a pu détourner l'exact chroniqueur de sa visite coutumière ? Je ne sais : la peur des voleurs, peut-être[1] ? Non pas ; Loret

---

[1] Il est vrai qu'ils s'embusquaient plus volontiers près de la Samaritaine. (*V.* Lyonnois, *Histoire générale des Larrons*, Paris, 1639, in-8º, 2ᵉ partie, p. 27-30.) Il fallait avoir du courage et heureuse chance pour pouvoir dire comme Dulorens dans sa *neuvième satyre* :

ne va que de jour à la Samaritaine [1]; mais plutôt la terreur qu'inspirent alors les gens de trouble et d'émeute.

On est en pleine Fronde ; le Pont-Neuf est devenu un centre de tumulte et de continuelles algarades, un lieu très-dangereux enfin ; or, notre gazetier n'est pas brave. Il sait que pour un mot dit un peu haut, pour un placard déchiré, on court risque d'être tué, comme à quelques jours de là, le 4 septembre, cela devait arriver à un pauvre homme du peuple, et il recule tout effrayé, même devant ses tentations de nouvelliste et son devoir de gazetier.

> Les périls de la nuit vous m'alléguez en vain ;
> Mon manteau, Dieu merci, ne craint pas le serein.
> Je passe hardiment près la Samaritaine,
> Lorsque les assassins courent la tirelaine.

[1] Le Pont-Neuf, il est vrai, avait une réputation telle, que les gens de province, nouveau-venus à Paris, n'osaient s'y hasarder, même le jour. « Un Languedocien, dit Tallemant (édit. in-12, t. X, p. 189), qui croyoit qu'on voloit à toutes heures sur le Pont-Neuf, y passant, se mit à courir de toute sa force en tenant son chapeau à deux mains. Il trouva un homme du pays qui lui dit : « Qu'y a-t-il ?—J'ai passé, « dit-il, et j'ai encore mon chapeau. » Un autre laissa sa montre à un de ses amis d'Orléans, de peur qu'on ne la lui volât ici. »

Le Pont-Neuf lui fait peur depuis que, ne se contentant plus d'y fabriquer des nouvelles, on y accomplit des événements.

VII

La Fronde au Pont-Neuf.— Enlèvement de Broussel.— Changement de carrosses au quai des Orfévres.—Émeute.—M. de La Meilleraie sur le Pont-Neuf. — Harangue du coadjuteur du haut d'un parapet.—Comment on lui paye son sermon.— Déconvenue de M. de l'Hospital et du Grand-Maître.—Dangers et fuite du chancelier Séguier, sur le Pont-Neuf. — Mort de Sanson, le géographe. — Barricades du quai de la Ferraille et sur le pont.—Scène de comédie entre Gondi et Broussel sur le Pont-Neuf. — Mazarin pendu en effigie. — Comédie de l'assassinat du prince de Condé. — Louis d'or jetés par les portières. — Le *Pont-Neuf frondé* : Avanie de M. de Brancas, de mesdames de Bonnelle et de Châtillon.— Madame d'Ornano battue et volée.—L'hôtel de Nevers menacé de pillage. — La *paille* au Pont-Neuf. — Misère horrible des Parisiens. — Lettres des deux rois de bronze, celui du Pont-Neuf et celui de la place Royale, etc.

Les événements rappelés tout à l'heure, qui prirent, avons-nous dit, le Pont-Neuf pour théâtre, et qui, avec quelques péripéties trop sérieuses ensanglantant la bouffonnerie du reste, s'y jouèrent comme une farce de plus, sont les scènes les plus animées, les plus vivantes de la Fronde. Le Pont-Neuf est pour la folle guerre non-seulement un véritable forum, comme l'a si bien dit M. Moreau [1], mais aussi une sorte de tréteau heureusement dressé, bien en vue, au beau milieu de la grande ville, où, de tous les côtés, lui arrivent acteurs et spectateurs.

C'est au Pont-Neuf que la Fronde s'est préparée [2], s'est armée, pour ainsi dire ; c'est au au Pont-Neuf qu'elle commence. Au point de vue topographique même, il n'était guère possible qu'il en fût autrement. Il y eut pour le choix de ce théâtre, d'ailleurs si bien disposé, une sorte de nécessité locale. N'est-ce pas au Parlement que se recrutent les chefs de l'amusante révolte ? Or, c'est au Palais que le Parlement tient ses assises de toutes sortes, et le Pont-Neuf est l'un des grands chemins du Palais. Gondi, ce boute-feu de toutes les algarades frondeuses, habite, en sa qualité de coadjuteur de l'archevêque de Paris, son

---

[1] *Bibliographie des Mazarinades*, t. Ier, p. 307.

[2] C'est là surtout que s'était montré Blancmesnil, et qu'il avait parlé au peuple quelques jours avant son arrestation. (*V.* Leroux de Lincy, *Archives de l'Hôtel de ville pendant la Fronde*, t. Ier, p. 553.)

oncle, un logis tout près de Notre-Dame [1] ; il appartient ainsi à cette île de la Cité que le Pont-Neuf rattache aux deux rives ; il est, pour ses courses actives vers le Louvre et le Palais-Royal, l'un des passants les plus ordinaires et les plus affairés de cette grande voie; forcément donc, et n'y eût-il pour l'y engager que la vue du spectacle qui se joue là, le bruit moqueur des satires qui s'y débitent, des refrains qui s'y chantent et qui sont autant de fanfares pour l'émeute, il doit être un des héros de la Fronde.

Broussel logeait aussi dans un des coins de la Cité, où l'extravagante révolution se complut, on le voit, à prendre chacun de ses acteurs, comme pour s'installer ainsi tout d'abord au cœur même de Paris. La petite maison du vieux conseiller se trouvait au port Saint-

---

[1] Il habitait alors le petit Archevêché. Le duc de Longueville, voulant aller l'y trouver pour s'entendre avec lui le jour des Barricades, fut obligé de prendre un bateau à l'abreuvoir qui était au bout de la rue des Poulies, et d'aller descendre au Terrain, c'est-à-dire à la pointe de l'île de la Cité. Encore n'aurait-il pas pu aller plus loin sur la rivière, à cause des chaînes de barrage qui se trouvaient à l'île Notre-Dame et à l'Arsenal. (*Registres de l'Hôtel de ville*, t. Ier, p. 129.)

Landry [1], c'est-à-dire dans l'un des derniers replis du boueux labyrinthe, qui, après avoir enlacé la vieille cathédrale, venait, serpentant toujours, baigner sa lisière dans la Seine.

Depuis quelques jours ce bonhomme, comme l'appelle La Rochefoucauld [2], ne sortait de sa petite retraite que pour aller au Parlement se faire l'organe imprévu, mais très-applaudi, des opinions les plus contraires aux idées de Mazarin et de la reine. « Inspiré par ses propres sentiments, dit La Rochefoucauld, et par les persuasions de Longueil et d'autres qui avoient pris créance dans son esprit, Broussel ouvroit les avis les plus rigoureux qui étoient suivis par la cabale des frondeurs : de sorte que son nom faisoit bruit dans l'assemblée des chambres, et il s'étoit rendu chef de ce parti dans le Parlement, d'autant plus accrédité, que son âge et sa pauvreté le mettoient hors des atteintes de l'envie.

[1] Cette maison de Broussel, dont, comme on va le voir, les fenêtres donnaient sur la rivière même, fut détruite lorsqu'on bâtit le quai Napoléon. On a eu tort de vouloir la retrouver dans la maison portant le numéro 5 de la rue Saint-Landry, et démolie en novembre 1849.

[2] *Mémoires du duc de La Rochefoucauld;* Paris, J. Renouard, 1804, in-12, p. 33.

« Or, comme le peuple, qui ne bougeoit du Palais, étoit informé qu'il s'intéressoit puissamment pour son soulagement, il le prit en affection et lui donna ce beau titre de son père [1]. »

Mazarin résolut de le faire arrêter. C'était un coup hardi, mais nécessaire, puisqu'il pouvait dès l'abord couper court au mal, et décapiter la révolution naissante. Condé venait de gagner la bataille de Lens, un *Te Deum* devait être chanté à Notre-Dame, et occuper tout à la gloire du roi cette foule badaude des Parisiens, qui songe si peu à être méchante

---

[1] Les frondeurs ne tarissaient pas en éloges sur la pauvreté incorruptible de Broussel. Voici un exemple de ces panégyriques d'après la *Harangue de la Ville de Paris à M. Broussel*; Paris, 1652, in-8º : « On vous regarde aller tous les jours au Palais à pied, à l'âge de soixante-dix-huit ans, par les pluies et les vents, par les froids et les chaleurs les plus excessives et les plus fâchauses, et cela pour épargner le sang du peuple et l'argent des pauvres plaideurs. On sait que vos promenades, vos jeux, vos plaisirs, vos maisons de plaisance et vos divertissements ne sont autres que l'exercice de vostre charge et l'exercice de toutes sortes de bonnes œuvres. ». Broussel, toutefois, avait une *maison de plaisance* à Pontoise, comme le fait très-bien remarquer M. Moreau.

quand on lui donne une occasion de n'être que curieuse. Le ministre crut le moment bien choisi, et, pendant que les bruyantes actions de grâces éclataient sous les voûtes de la cathédrale, Comminges s'en allait, par son ordre, à moins de cent pas de là, mettre la main sur le vieux conseiller, accusé de rébellion.

« Le matin du 26 août 1648, lit-on dans une relation manuscrite, M. de Comminges, lieutenant des gardes de la reyne, accompagné de quinze ou seize de ses gardes, alla chercher M. de Broussel, conseiller de la grand'chambre, en sa maison au port Saint-Landry, proche Nostre-Dame. Ce magistrat achevoit de dîner, on ne lui donna pas le temps de prendre son manteau. Il eut seulement celui de dire à ses enfants ces paroles remarquables :
« Mes enfants, je n'espère pas vous revoir ja-
« mais ; je vous donne ma bénédiction ; je ne
« vous laisse point de bien, mais je vous laisse
« un peu d'honneur, ayez soin de le conser-
« ver. »

Quoique l'affaire se fût faite promptement, le peuple, qui flaire si vite les occasions d'émeute, avait déjà pris l'éveil, et déjà aussi il se préparait, autour de la maison du conseiller, à se donner un petit régal de guerre civile pour continuer la fête de la grande victoire que l'on achevait de chanter. M. de Comminges l'entendit qui commençait à murmurer, et c'est pour cela qu'il pressa si fort le pauvre Broussel, à ce point qu'il l'emmena sans manteau, ainsi qu'on l'a dit tout à l'heure, « en simple soutane et sans souliers, » comme nous l'apprennent les *Mémoires* de Joly [1].

La foule toutefois n'était pas grande encore, et le carrosse put la traverser sans trop de peine. Il prit son chemin par l'étroite rue des Marmousets. Le moindre obstacle pouvait lui barrer le passage, on le tenta. « On jeta au milieu, dit Joly, un banc de bois de l'étude d'un notaire, mais il ne laissa pas de passer outre au travers des gardes et de gagner le Marché-Neuf [2]. »

Sur le quai des Orfévres, à deux pas du Pont-Neuf, autre accident beaucoup plus grave. Une roue du carrosse se rompit en pleine foule. C'en était fait, et le peuple pouvait d'un coup de main enlever le prisonnier. Un carrosse vint à passer. Comminges le fit

---

[1] *Mémoires de M. Joly, conseiller du roy au Chastelet de Paris;* Rotterdam, 1718, in-8º, t. Ier, p. 18.
[2] *Ibid.*

arrêter, obligea de descendre la dame qui s'y trouvait [1], mit Broussel à sa place, et, fendant la presse au galop, traversa, comme un trait, la moitié du pont, gagna sans encombre, par le quai du Louvre, la porte de la Conférence, puis le château de Madrid, puis Saint-Germain.

Il était temps, la foule grossissait sur le Pont-Neuf et devenait de plus en plus furieuse. Si même les gardes qui avaient fait la haie sur le passage du cortége royal, se rendant au *Te Deum* de Notre-Dame, ne s'étaient rabattus après la cérémonie sur les quais et sur les rues environnantes, et n'avaient ainsi barré le chemin aux principaux affluents de l'émeute, je ne sais comment M. de Comminges eût pu se tirer de cette difficile affaire. Les plus mécontents, les plus animés accouraient des environs du logis de Broussel. Il en venait même de la Grève, qui, hélés à grands cris par les gens et par les voisins du vieux conseiller, « dont les fenestres, dit Joly, ré-

---

[1] Elle se nommait madame Daffiz et était de Toulouse. (*Relation véritable de tout ce qui s'est fait et passé aux barricades de Paris, le vingt-sixième, le vingt-septième et le vingt-huitième d'août mil six cent quarante-huit;* Paris, Jérome Bouillerot, in-8°.)

pondoient sur la rivière, » étaient montés sur leurs batelets et, munis de leurs crocs, avaient débarqué au port Saint-Landry. Là, « ayant joint ceux du quartier et plusieurs autres gens attroupez au son du tocsin de Saint-Landry, armez de hallebardes et de vieilles épées [1], » ils avaient couru après le carrosse, criant : *Tue, tue!* Les gardes, comme je l'ai dit, les avaient un instant arrêtés; mais, à peine M. de Comminges s'était-il échappé avec sa prise, que ce flot montant d'hommes furieux avait rompu d'un effort la ligne des soldats. Le maréchal de La Meilleraie, qui s'était avancé à cheval jusque dans la petite rue Saint-Louis, auprès de la Sainte-Chapelle, fut obligé lui-même de reculer. Comme il repassait sur le quai des Orfèvres, un horloger le visa presque à bout portant. Heureusement le fusil ne prit pas feu.

L'émeute sur le Pont-Neuf ne connaissait plus de frein. M. de La Meilleraie et ses gardes furent menés, reculant toujours, jusqu'au delà du quai de l'École. Auprès de Saint-Germain-l'Auxerrois, il fut serré de si près, que, blessé lui-même, il fut obligé, pour se déga-

---

[1] *Mémoires de Joly*, t. Ier, p. 19.

ger, de jeter par terre d'un coup de pistolet un crocheteur qui le menaçait[1]. Gondi passait alors, car il suivait de près l'émeute, étudiant tous ses mouvements et ses sursauts; il s'approcha, en bonne âme, du pauvre homme qui agonisait, et se mit à le confesser, mais une grosse pierre qu'il reçut dans les côtes le paya bientôt de son œuvre pie et lui fit lâcher prise[2].

Sur le Pont-Neuf, il n'avait pas été mieux traité : « Il y étoit venu, vêtu de son camail et bonnet en tête, où étoit le plus grand bruit[3] » et du haut d'un parapet, il s'était mis à exhor-

---

[1] C'était, disait-on, le syndic des crocheteurs. A cause de ce meurtre qui lui fut beaucoup reproché, on nous montre dans la pièce satirique intitulée : les *Logements de la cour à Saint-Germain*, M. de La Meilleraie logé aux Crocheteurs. « Mais il fallut ôter l'enseigne, crainte de désordre. » (*V.* aussi : *Agréable récit de ce qui s'est passé aux dernières barricades de Paris.*)

[2] *Mémoires de Joly*, t. Ier, p. 20, note. Par la *Relation véritable* citée plus haut, on apprend que le coadjuteur fut très-maltraité, en dépit des bénédictions qu'il distribuait au peuple. Il était en rochet, camail et bonnet carré. (*Mémoires de Joly*, ibid.)

[3] *Journal du Parlement*, cité par M. Moreau, *Courrier de la Fronde*, édit. elzév., t. Ier, p. 201.

ter le peuple, pour l'apaiser et le faire retirer. La foule n'avait eu qu'une réponse à toutes ses paroles : « Qu'on nous rende M. Broussel et les autres messieurs du Parlement ! » Gondi était alors descendu du parapet, sa chaire en plein vent, et s'en était allé au Palais-Royal, où il avait promis au peuple qu'il obtiendrait à tout prix la liberté de son cher Broussel. C'est en s'y rendant qu'il avait reçu près de Saint-Germain-l'Auxerrois le coup de pierre dans le côté.

Le maréchal de l'Hospital et le grand-maître s'étaient aussi hasardés, plus ou moins bien accompagnés, sur le Pont-Neuf; mais on les y avait accueillis à coups de pierres, et avec des huées, préludes bruyants des chansons qui devaient bientôt servir de fanfares à leur déconvenue :

> Le maréchal de l'Hospital
> Fut sur le Pont-Neuf à cheval,
> Afin d'y mettre le holà.
>   Alleluia.
>
> Un tas de faquins en émoy
> Lui fit crier : Vive le Roy !
> Tant de fois qu'il s'en enrhuma.
>   Alleluia.
>
> Aussitôt le grand-maître y vint,
> Suivi de braves plus de vingt,

> Monté chacun sur un dada.
> Alleluia.
>
> Mais, pour faire trop l'arrogant
> Et n'être pas trop complaisant,
> Bien lui prit qu'il s'en retourna.
> Alleluia.

Le tumulte était alors tel, que, impuissant à le maîtriser, « l'on étoit réduit, dit La Rochefoucauld, à espérer qu'il s'apaiseroit par la nuit, comme il arriva ; mais, ajoute-t-il aussitôt, un accident alluma le lendemain matin le feu qui s'alloit éteindre [1]. »

C'est encore sur le Pont-Neuf qu'eut lieu cet *accident*, dont le chancelier [2] fut bien près d'être la victime.

Ayant reçu l'ordre de porter au Palais une déclaration du roi qui défendait les assemblées des Chambres, il partit de son hôtel de la rue de Grenelle-Saint-Honoré à cinq heures du matin. L'évêque de Meaux, son frère, avait voulu aller avec lui, et la duchesse de Sully, sa fille, « belle, jeune et courageuse, dit madame de Motteville, s'étoit aussi jetée dans

---

[1] *Mémoires de La Rochefoucauld* (loc. cit.).
[2] P. Séguier, qui, avant d'être chancelier, avait été *partisan* des boues de Paris. V. le *Catalogue des partisans*, 1651.

son carrosse, quoi qu'il pût faire pour l'empêcher de s'y mettre[1]. »

Il était cinq heures du matin ; mais l'émeute alors était matinale, surtout dans ce quartier voisin des marchés. Jusqu'au quai de la Mégisserie toutefois le chancelier ne rencontra pas d'obstacle. Il voulut suivre ce quai jusqu'au Pont-au-Change, espérant ainsi éviter le périlleux passage du Pont-Neuf ; mais les chaînes qu'on y tendait, surtout en temps de trouble, n'étaient pas encore levées, et force lui fut de ne point marchander avec les dangers de l'autre chemin. Le carrosse s'aventura donc bravement sur le Pont-Neuf. A la hauteur de la place Dauphine, il voulut détourner et prendre l'un ou l'autre des deux quais qui menaient au Palais ; comme celui de la Mégisserie, ils étaient encore fermés de leurs chaînes[2]. Au moment où le chancelier hésite[3] et se demande s'il retournera

[1] *Mémoires*, collect. Michaud, 2ᵉ série, t. X, p. 227.
[2] *Journal* d'Oliv. d'Ormesson (collect. de Docum. inéd.), p. 563.
[3] Le chancelier n'était pas brave ; dans les *Diverses pièces sur les colonnes et piliers des maltôtiers*, c'est lui qu'on désigne quand on dit :

Sa seule lâcheté l'a toujours maintenu.

sur ses pas, ou bien s'il prendra, pour se rendre au Palais, le quai des Augustins qu'il croit libre et ouvert, puis le pont Saint-Michel; voilà trois ou quatre grands pendards, comme les appelle madame de Motteville, qui abordent son carrosse et qui le somment insolemment de leur rendre leur prisonnier, « lui disant, ajoute-t-elle, que, s'il ne le faisoit, ils le tueroient à l'heure même. Ces désespérés ayant commencé le bruit, il en arriva d'autres qui l'environnèrent et le menacèrent de la même chose.

« Lui, dit toujours madame de Motteville, ne sachant comment faire pour s'échapper doucement de cette canaille, commande à son cocher de passer outre, et d'aller devers les Augustins, où étoit la maison du duc de Luynes, son ami, pour y entrer en cas qu'il y fût contraint par la multitude, ou pour s'acheminer plus sûrement par le pont Notre-Dame au Palais [1]. »

Le cocher obéit, et, au milieu de la foule qui croît et monte comme la veille, le carrosse peut arriver à grand'peine jusqu'auprès des

[1] Madame de Motteville se trompe. C'est le pont Saint-Michel qu'elle voulait dire. L'hôtel de Luynes était auprès. (*Mémoires de Joly*, t. Ier, p. 23.)

Augustins. Là, il semble que la presse s'écarte et s'éclaircit un peu. Le chancelier se croit hors d'affaire, descend de voiture[1], mais un grand maraud, vêtu de gris[2], lui met la main sur l'épaule et crie de nouveau : *Aux armes ! tuons-le !* Le chancelier n'a que le temps de se sauver avec les siens dans l'hôtel de Luynes, où une vieille femme, la seule personne de cette maison qui fût éveillée à pareille heure, le reçoit et le cache dans un petit cabinet.

Là, il se confesse à son frère l'évêque de Meaux et attend la mort : c'est le secours qui arrive. Des gendarmes et des chevau-légers sont envoyés du Palais-Royal. Le maréchal de La Meilleraie, qui a une si belle revanche à prendre, dégage le Pont-Neuf avec deux compagnies de Suisses. Enfin, « la venue du grand-maître délivre cet illustre prisonnier, » comme dit encore madame de Motteville. Le lieutenant civil venait aussi à l'aide[3]. Il rencontre le chancelier qu'on ramenait, il le fait

---

[1] Selon Joly, c'est une chaîne tendue sur le quai près l'hôtel de Luynes qui le força de descendre de voiture pour continuer sa route à pied.

[2] Le chancelier, selon Joly, lui avait fait perdre un procès au conseil, et il voulait s'en venger ainsi.

[3] *Registres de l'Hôtel de Ville*, t. Ier, p. 20, 450-451.

monter dans sa voiture, ainsi que sa fille et son frère, et les Suisses de M. de La Meilleraie servant d'escorte, on s'engage de nouveau sur ce terrible Pont-Neuf. On va le plus vite qu'on peut, car M. de La Meilleraie a vu les dispositions du peuple et il les redoute. Il est même obligé, non-seulement de commander quelques décharges pour faire reculer cette foule menaçante qui le serre de trop près, mais encore de mettre lui-même le pistolet à la main, et de faire le coup de feu comme la veille. Sa première balle tue à l'entrée du Pont-Neuf, « une pauvre femme qui portoit une hotte. » La fureur du peuple n'en fut que plus excitée, « tellement, dit Joly[1] dans ses *Mémoires,* qu'en passant devant le Cheval de Bronze, on tira, des maisons qui sont vis-à-vis, plusieurs coups de feu, dont le carrosse du chancelier fut percé en cinq ou six endroits. Picault, lieutenant du grand prévost de l'hôtel, qui servoit auprès de lui, fut tué, et le fils aîné de Sanson le géographe qui étoit à la portière[2]. » Selon madame de Motte-

---

[1] *Mémoires,* t. Ier, p. 24.

[2] D'après l'*Histoire littéraire de Picardie* laissée manuscrite par D. Grenier, c'est Nicolas Sanson qui contribua le plus à faire sortir le chancelier de l'hô-

ville, la duchesse de Sully reçut une balle morte qui lui fit une légère contusion.

A l'autre bout du Pont-Neuf il n'y avait pas moins de tumulte; « le peuple qui étoit sur le quai de la Mégisserie étant accouru au bruit des mousquetades, après s'être saisi des vieilles ferrailles qui se vendent en cet endroit[1]. » Cependant le chancelier parvint à se sauver. La colère des gens du peuple s'en augmenta. « On vit tout à coup, dit encore Joly, cinq ou six cents d'entre eux, lesquels ayant arboré un morceau de linge autour d'un bâton et pris un tambour, se mirent à marcher en confusion le long du quai vers le grand Châtelet.

tel de Luynes. C'est lui aussi qui serait parvenu à le faire monter dans un carrosse appartenant à M. de Bellièvre et qui passait en ce moment. Ensuite, le pistolet au poing, il serait resté devant la portière de la voiture, jusqu'à ce qu'une balle venue d'une fenêtre lui eût cassé la cuisse, à la descente du pont du côté de Saint-Germain-l'Auxerrois. Il mourut le lendemain pendant l'amputation. Il avait vingt-deux ans, et était reçu depuis quelques jours géographe ordinaire du roi. Oliv. d'Ormesson, dans son *Journal*, p. 564, dit aussi que « le fils de Sanson, le géographe, reçut, tenant la portière, un coup de feu dans la cuisse, dont il est mort. »

[1] *Mémoires de Joly*, t. Ier, p. 25.

« Sur quoi, le capitaine du quartier, qui étoit en état avec sa compagnie, suivant l'ordre du jour précédent, craignant le pillage, fit tendre la chaîne qui est au bout de la rue vis-à-vis Saint-Leufroy, et ayant en même temps fait battre la caisse, tous les bourgeois du quartier sortirent en armes et se postèrent sur la chaîne et aux environs. Cet exemple fut aussitôt suivi par toute la ville ; tout le monde s'étant mis à crier aux armes et aux barricades avec tant de promptitude et tant d'ordre, qu'en moins d'une demi-heure toutes les chaînes furent tendues avec double rang de barriques pleines de terre, de pierres ou de fumier, derrière lesquelles tous les bourgeois étoient armés en si grand nombre qu'il est presque impossible de se l'imaginer[1]. »

Une des plus amusantes mazarinades, *Agréable récit de ce qui s'est passé aux dernières barricades de Paris*, etc., fait, sous couleur burlesque, un tableau très-curieux de cette défense improvisée, de ces barricades si lestement construites, quoique les professeurs manquassent encore pour ce grand art de fortification :

Faisons un tour parmi les rues,

[1] *Mémoires de Joly*, t. Ier, p. 25.

y est-il dit :

> Partout les chaines sont tendues,
> Des caves on sort les tonneaux,
> On amène des tombereaux,
> Des chariots et des charrettes ;
> On appreste les escoupettes ;
> Et nos bourgeois fort résolus,
> Vieux soldats tout frais esmoulus,
> Sont attachez aux barricades
> Comme soldats à leurs rancades.

S'il faut en croire le même *Agréable récit,* qui aurait bien pu renchérir sur le burlesque de l'ensemble par l'invention de ce détail bouffon, c'est Carmeline, l'arracheur de dents, qui commandait la barricade du Pont-Neuf[1], Carmeline le beau hâbleur, dont l'enseigne, dressée sur la maison faisant face au Cheval de Bronze, montrait, se déroulant au milieu de molaires et de canines fraîchement cueillies, cette ingénieuse devise empruntée

---

[1] Il est cité dans *le Ministre d'État flambé*, etc., *jouxte la copie imprimée à Paris* (1649, 16 pages); il y est dit :

> Carmeline en un coin reclus,
> Voit ses pélicans superflus.

Il est parlé de sa boutique et de son étalage de dents postiches dans l'*Histoire de Francion* (1663, in-8o, p. 307).

à Virgile : *Uno avulso, non deficit alter*[1]. Écoutez comment notre mazarinade *pourtraict au vif* ce vaillant, ce mâche-laurier :

> Carmeline l'opérateur,
> Vestu d'un colet de senteur,
> Chaussé de damas à ramage,
> La grosse fraise à double estage,
> Bas d'attache, le brodequin
> De vache noire ou maroquin,
> Le sabre pendant sur la hanche,
> Et sur le tout l'écharpe blanche,
> Tenant en main bec de corbin,
> Monté sur un cheval aubin,
> Gardoit avec six cent et onze
> Le poste du Cheval de Bronze,
> Et fit assez diligemment
> Un bizarre retranchement.

Ce retranchement, bien entendu, n'est que pure invention, peut-être comme tout le reste, mais il est décrit d'une assez comique manière :

> De cette belle architecture
> A peu près voici la peinture :
> De l'un jusqu'à l'autre pilier
> On mit de dents un râtelier.
> Des brayers, des suppositoires,
> Des pélicans, des bistoris,
> Des boetes de poudre d'iris,
> Des chalets, des portes, des cruches,
> Des coquemars, des œufs d'autruches,

[1] *Chevræana*, p. 142.

Quelques saloirs remplis de lard ;
Et sur ce solide rempart
On fit un parapet de grilles
Par où guignoient deux crocodiles.
Il est vrai qu'ils ne vivoient pas,
Mais chacun ne le savoit pas, etc.

Les barricades n'étaient pas toutes pour rire, comme celle-ci ; aussi furent-elles souvent une gêne sérieuse. Un jour M. de Longueville « qui n'étoit pas content de la cour[1], » voulut aller s'entendre avec Gondi qui n'était pas mieux d'intelligence avec elle. Il se hasarda sur le Pont-Neuf, pour de là gagner le petit Archevêché ; mais, dès les premiers pas, les barricades lui barrèrent le chemin. Que fit-il? « Il se mit dans un petit bateau, à l'abreuvoir qui est au bout de la rue des Poulies et alla descendre en un lieu qui s'appelle le Terrain[2]. » C'est, comme on sait, l'extrémité de la Cité, derrière Notre-Dame ; de là, il gagna sans peine la demeure de Gondi.

Au mois de décembre de la même année 1648, tout semble fini. Plus de barricades au Pont-Neuf, Gondi peut circuler en chaise, et Broussel est libre. Un jour, l'un en carrosse,

[1] *Mémoires de Joly*, t. 1er, p. 29.
[2] *Ibid.*

l'autre à pied se rencontrèrent, et le Pont-Neuf, qui avait vu tant de farces, vit alors une jolie comédie. C'est Mazarin lui-même qui va vous la raconter, en son style et son orthographe.

« *Le* 13 *décembre* (1648), dit-il dans un de ses *Agendas* [1], *le coadjuteur rencontra Bruselles sur le Pont-Neuf, qui alloit à pié et descendit tout aussitost de son carrozze e convia Bruselles d'y monter, afin que le peut accompagner che lui. Bruselles ne le volut point disant que aloyt toujours à pié par ces petites rues et lors le coadjuteur resolut de fayre suivre son carrozze et aler aussy à pié pour l'accompagner chez luy; n'étant pas marry que le peuple vit en grand union son Pastor et son Payre. Il fit tout son possible pour obliger Bruselles de se laisser porter la coue par un de ses pages et l'autre ne le voulant pas, le coadjuteur ne voulut pas aussy que on porta la sienne et le fit de luy mesme, come Bruselles le faisoyt; ce n'est pas une petite déférence d'un archevec de Paris à un conseigler du Parlement.* »

Si Mazarin raconte la scène, ce n'est pas qu'il l'ait vue, croyez-le bien. Même dans le temps le plus calme de cette révolution tur-

---

[1] N° 11, p. 20.

bulente, il n'eût pas été si hardi que de se risquer sur le Pont-Neuf. Il n'ignorait pas ce qui l'y eût attendu. Il le savait bien aussi ce faiseur de libelles qui, écrivant, en 1652, la *Confession générale de Mazarin,* finit par dire que son confesseur lui donna pour pénitence de passer trois fois sur le Pont-Neuf en criant : « Je suis le Mazarin ! » Le gibet du marquis d'Ancre n'eût rien été auprès de ce qu'on aurait vu alors. Pour que vous en jugiez, voici ce que disait l'auteur de *la Mort du cardinal Mazarin, avec son épitaphe*[1] :

> L'empalement des Turcs, les tenailles, le feu ;
> Mourir de faim, de soif, de rage, c'est trop peu :
> Les croix, les chevalets, l'huile, la poix résine,
> Lentement découlez par le feu sur son dos ;
> Brûlant jusques au vif de la mouelle des os,
> Ou tout vif escorché par le ventre et l'eschine.

Pour ne pas tout perdre, les ennemis du ministre voulurent du moins lui infliger une bonne fois la pendaison en effigie. Cette belle idée vint des partisans du prince, après la paix de Bordeaux. « Ils s'avisèrent, entre autres choses, dit Joly[2], d'exposer un matin le

---

[1] 1651, in-4°.
[2] *Mémoires*, t. Ier, p. 115.

portrait du cardinal à mi-corps en habit rouge, attaché à un poteau, avec une corde qui passoit à l'endroit du cou, comme s'il eût été pendu, avec un écriteau portant différents crimes pour lesquels il étoit déclaré digne de mort. Ce portrait fut exposé à la Croix du Trahoir et au bout du Pont-Neuf, vis-à-vis la rue Dauphine ; et cette bagatelle ne laissa pas de plaire au peuple et d'y causer de l'émotion, jusque-là qu'un exempt qui alla ôter un de ces tableaux pensa être assommé[1]. »

Le prince de Condé rendait ainsi en peinture au cardinal, et sous une autre forme d'exécution, ce qu'une mousquetade nocturne de ses *bravi* avait failli lui faire subir à lui-même quelque temps auparavant, aussi sur le Pont-Neuf, sans qu'il sût d'abord à qui attribuer ce guet-apens. Mazarin y comptait, et il eut l'adresse, lui qui avait monté le coup, d'en faire retomber la faute sur ses ennemis.

C'était en 1649. Le prince, après le conseil, était allé chez Prud'homme le baigneur. Un de ses écuyers vint l'y trouver pour l'avertir qu'on avait dessein de l'as-

---

[1] Voir aussi, sur cette exécution du cardinal en effigie, Tallemant des Réaux, 1re édition, t. VI, p. 395.

sassiner. C'est le président Perrault, son intendant, qui faisait tenir au prince cet avis, d'après le dire d'un marchand fort zélé pour son service. L'écuyer d'ailleurs apportait des nouvelles qui confirmaient la véracité du rapport. Comme il venait trouver le prince, et, galopant dans un de ses carrosses, comme il passait près de la place Dauphine, un gros de coquins, embusqué dans cet endroit, lui avait lâché, sans l'atteindre, cinq ou six coups de carabine. Cet avis donna fort à penser à M. de Condé. Il voulut renouveler l'épreuve qui avait failli coûter si cher à l'écuyer. Il dit au chevalier de Grammont de se rendre de nouveau sur le pont avec son carrosse et ses livrées[1]. On le reçut par une belle fusillade qui cribla de balles la voiture, heureusement laissée vide. Le carrosse de Duras suivait; on le salua de la même manière. Des laquais étaient dedans, se carrant et faisant les princes; ils eurent une belle peur, l'un d'eux même fut tué. « Des gens de M. le Prince, écrit madame de

[1] D'après une lettre de Brienne, portant la date du 14 décembre 1649 et publiée pour la première fois dans la *Collection Michaud,* 3ᵉ série, t. III, p. 123, c'est Violard, et non pas Grammont, qui fut envoyé par le prince en reconnaissance.

Motteville, me dirent alors qu'ils étoient là quarante ou cinquante hommes à cheval[1]. » Cependant, derrière un rideau, dans la chambre d'une fille de joie, dont la fenêtre donnait en face du Cheval de Bronze, un homme s'amusait bien de l'aventure. C'est celui qui avait tout mené, c'est La Boulaye, autrefois chef dans la Fronde, maintenant agent provocateur du Mazarin. Il prétendait faire croire à Condé que les frondeurs en voulaient à sa vie; et de cette façon il cherchait à le détacher de leur parti pour le rattacher à celui du cardinal. Il y réussit à peu près. Si pendant quelque temps, Condé ne se rapprocha pas sincèrement du ministre, il fut du moins séparé des frondeurs.

Plus tard, le 11 avril 1652, nous retrouvons M. le Prince en personne sur le Pont-Neuf. Les frondeurs et lui sont redevenus bons amis. Il ne craint plus les mousquetades contre son carrosse; des *vivats* enthousiastes l'accueillent, car il vient de remporter une victoire à Bleneau sur l'armée de la cour. Tout joyeux de l'ovation, il jette des louis

[1] Selon la lettre de Brienne, que je viens de citer, c'étaient des vagabonds assemblés en place Dauphine « sous le mot de Bordeaux. »

par la portière, à ses chers amis, dont, il y a deux ans, il craignait tant les coups de mousquet.

Même le jour, pour peu qu'on fût entaché de mazarinisme, on courait de vrais dangers sur le Pont-Neuf. La population semblait vous y guetter au passage pour vous faire avanie[1]. Écoutez ce que dit une mazarinade, *le Pont-Neuf frondé,* sur le mauvais parti qu'on fut sur le point d'y faire à M. de Brancas, qui pourtant, à bien prendre, tenait plutôt pour la Fronde que pour le cardinal. C'était le jour même où Condé vainqueur à Bleneau, rentrait dans Paris. S'il faisait bon pour lui et les siens, il faisait mauvais au contraire pour les *mazarins* et les *mazarines :*

> Branquas (sic) qui n'est pas une beste
> Ne fust jamais à telle feste
> Qu'il se vist un certain mardy
> Sur le Pont-Neuf après midy ;
> Encore qu'il soit pour la Fronde,
> Comme il le jure à tout le monde,
> Il entendit crier bien fort :
> « Assomme ! il en veut à Beaufort. »
> Lors étourdy d'un *tue, tue,*
> Il sent que sur luy l'on se rue,

[1] En 1650, Grammont et madame de Rieux furent ainsi affrontés par la populace sur le Pont-Neuf. (Loret, *Muse historique,* l. III, p. 46.)

> Il perd de ses cheveux dorez,
> Il void ses habits deschirez
> Et s'il n'eust bien dit : Ouy et voire,
> On l'auroit contraint de trop boire.

Madame de Motteville nous parle aussi, dans ses *Mémoires*[1], de plusieurs dames de qualité qui, le même jour, « passant sur le Pont-Neuf, coururent fortune d'être jetées dans la rivière par des coquins qui faisoient impunément beaucoup d'imprudences et de lâchetés. » Elle ne dit pas le nom de ces dames maltraitées, mais elle doit vouloir parler de madame d'Ornano, de madame de Châtillon et de madame de Bonnelle[2], qui, ainsi que nous l'apprend l'*Advis important donné aux Parisiens par M. le duc de Beaufort*, furent injuriées en effet et violemment menacées sur le Pont-Neuf, le jour de la rentrée de Condé. Madame d'Ornano, qui, comme les autres, allait au-devant du prince, fut non-seulement maltraitée, mais volée. On l'avait prise pour une mazarine, et on l'avait traitée en conséquence. L'erreur fut reconnue, mais on ne lui rendit rien.

---

[1] *Collection Michaud*, 2ᵉ série, t. X, p. 432.
[2] Elle était belle-fille de l'ancien surintendant, M. de Bullion.

Elle était arrivée sur le pont juste au moment où l'on achevait de berner M. de Brancas :

> Ce vacarme cessoit à peine
> Et l'on alloit reprendre haleine,
> Quand un carrosse orné de vert,
> Par fortune fut découvert.
> Il traînoit avecque vitesse
> Vers le palais Son Altesse
> La maréchale d'Ornano,
> Qui souvent, comme un godenot,
> Montroit le nez à la portière,
> Et puis se tiroit en arrière.
> A voir son habit un peu neuf,
> On la crut madame d'Elbeuf.

Elle paya cher la ressemblance. Le cocher fut culbuté à coups de pierres, les laquais bâtonnés d'importance ; la maréchale fut effrontément fouillée, les suivantes de même, avec quelques horions de plus pour le profit. Tout fut pillé :

> Or, les anneaux on fricassa
> Et la vie on ne leur laissa
> Qu'après que leur beau corps d'albâtre
> Eust esté battu comme plastre ;
> La populace, après cela,
> N'en voulut pas demeurer là.
> De même qu'une hydre féroce
> Elle deschira le carrosse,
> Le cuir n'eust aucune mercy,

Les essieux sautèrent aussy,
Et les deux rideaux d'écarlatte
Tombèrent encore sous sa patte ;
Les chevaux eurent du bonheur,
Car on les mit en lieu d'honneur
Dans un cabaret assez proche
Où loge un Suisse sans reproche,
Qui de ce gage faisant cas,
Fit à la trouppe un grand repas.

C'est vers le même temps que l'hôtel de Nevers, habité alors par M. et madame du Plessis-Guénégaud, fut menacé par les bandits du Pont-Neuf, ses trop proches voisins, et courut sérieusement les dangers d'une escalade et d'un pillage, sous prétexte que la dame était soupçonnée d'être fidèle au roi et de travailler à la paix[1]. On envoya quelques compagnies de gardes bourgeois[2], on pendit deux des plus mutins au bout du Pont-Neuf, et nos frondeurs en guenilles perdirent leur belle occasion de butin[3].

La population du noble pont restait décidément fidèle à elle-même. Jusque-là l'on n'y avait assassiné, l'on n'y avait détroussé le passant que par vocation et nécessité ; mainte-

[1] *Mémoires de madame de Motteville* (loc. cit.).
[2] *Registres de l'Hôtel de Ville*, t. Ier, p. 129.
[3] *Mémoires de Joly*, t. Ier, p. 230.

nant l'on y tue, l'on y vole pour raison de guerre civile. C'est un progrès. On pouvait alors tout se permettre, hormis d'être un *mazarin*. Mais comment ne pas s'y tromper, et ne pas renouveler à chaque instant les avanies désagréables dont furent victimes M. de Brancas et madame d'Ornano? On finit par s'aviser de prendre un signe de ralliement, qui fut aussi burlesque au moins que tout le reste ; ce fut un brin de paille au chapeau! Cette belle invention vint de Mademoiselle. Parée d'un gros bouquet de paille, mis en guise de plume à son feutre, elle parcourut les rues et les ponts en criant : « Que ceux qui ne sont pas du parti de Mazarin prennent la paille, sinon ils seront saccagés comme tels. » Beaucoup refusèrent, moins par opinion que par goût, car il ne leur plaisait guère de se donner, avec ce bouchon de paille, l'air d'une chose à vendre. De là de nouvelles rixes, et même une sédition presque sérieuse qui commença vers la place Dauphine [1]. Les vauriens qui voyaient là une occasion de piller quelques récalcitrants, ne se firent pas prier pour arborer l'étrange cocarde du parti

---

[1] *Mémoires de Retz*, 1719, in-8o, t. III, p. 175.

le plus fort. Il n'y eut bientôt sur le Pont-Neuf, ni gueux, ni filou qui ne portât le brin de paille à son bonnet. C'était un passe-port d'impunité, et un brevet de droit au pillage. *Ce jour*, dit Loret, à la date du 7 juillet 1652 :

> Ce jour, par étrange manie,
> De Paris la tourbe infinie,
> Suivant un ordre tout nouveau
> Mit de la paille à son chapeau,
> Si, sans paille, on voyoit un homme,
> Chacun crioit : « Que l'on l'assomme,
> Car c'est un chien de Mazarin ! »
> Mais, avec seulement un brin,
> Eût-on quelque bourse coupée,
> Eût-on tiré cent fois l'épée,
> Eût-on donné cent coups mortels,
> Eût-on pillé deux mille autels,
> Eût-on forcé cinquante grilles
> Et violé quatre cents filles,
> On pouvoit avec sûreté
> Marcher par toute la cité,
> En laquelle, vaille que vaille,
> Tous étoient lors des gens de paille.

Condé voulut se parer, comme tout le monde, de la cocarde populaire ; mais on se souvint de l'incendie qui avait failli récemment dévorer l'Hôtel de Ville, et qu'on l'accusait d'avoir fait allumer, aussi commença-t-on à chanter :

> En mémoire de l'incendie

Arrivé tout nouvellement,
Condé veut, quoique l'on en die,
Porter la paille incessamment.
Ma foi, bourgeois, ce n'est pas jeu ;
Craignez une fin malheureuse ;
Car, la paille est fort dangereuse
Entre les mains d'un boute-feu.

Si la farce, parfois terrible, est dans ces jeux de princes ; le drame sérieux, navrant, est dans la misère du peuple qui ne fut jamais plus grande qu'alors. Elle étale partout ses haillons et ses plaies. Ce ne sont plus seulement des poëtes drapés dans leurs guenilles, qui font sentinelle autour du Cheval de Bronze ; le Pont-Neuf n'est qu'une fourmilière de vrais pauvres, se disputant, non pas l'écu du passant, mais la croûte de pain du fumier : « On a vu, dit le curé Olier [1], enlever des voiries la chair des animaux pour nourrir des ventres affamés ; d'autres se servir de son détrempé en eau de morue, dont ils ont vécu assez longtemps, des enfants languir auprès des mamelles sèches de leurs pauvres mères mourantes, des filles dans le dernier péril de perdre, faute de pain, ou l'honneur ou la vie... »

[1] *Recueil Toisy* (à la Bibliothèque impériale), Matières ecclésiastiques, t. XXXII, p. 186.

Pour qui songe à ces misères qui envoient tant d'hôtes nouveaux au Pont-Neuf, et doublent sa population de filous et de misérables, la Fronde cesse d'être une folie amusante. Elles font comprendre ce qu'il y a d'amertume sérieuse dans quelques-unes des pièces qui coururent alors et mêlèrent leur plainte désolée à la moqueuse étourderie des autres.

Deux mazarinades assez insignifiantes avaient pris pour personnages la statue de Henri IV et celle de Louis XIII. L'une avait pour titre : *Lettre du roi Henri IV en bronze du Pont-Neuf à son fils Louis XIII de la Place-Royale,* datée du Pont-Neuf après minuit, le 26 mars (1649); l'autre servait de réplique, et était intitulée : *Réponse du roi Louis XIII en bronze de la Place-Royale à son père Henri IV de dessus le Pont-Neuf,* datée de la Place-Royale, à cinq heures du matin, le 26 mars. Un poëte qui avait lu lettre et réplique, et qu'elles n'avaient pas rendu plus gai, écrivit, en pensant aux malheurs qu'elles auraient dû plus dignement déplorer, le dizain que voici, « qui vaut, dit M. Moreau[1] infiniment mieux qu'elles : »

Quelle merveilleuse aventure

[1] *Biographie des Mazarinades,* t. II, p. 195.

Donne à ces images la voix
Et leur fait violer les loix
De la mort et de la nature?
France, c'est que pour tes douleurs,
L'excès de tes cruels malheurs
Dans des princes de fer rencontre un cœur sensible,
Quand ceux qui devroient t'arracher
D'une calamité si longue et si terrible,
En ont de bronze et de rocher!

VIII

Misère des saltimbanques, des arracheurs de dents et des libraires du Pont-Neuf, pendant la Fronde.—Le duc de Beaufort marchand de libelles.—Émeute pour un placard déchiré. — Les libraires joués par Gondi. — Comment et où s'impriment, sous Louis XIV, les chansons infâmes chantées au Pont-Neuf.—Saint-Amant bâtonné pour une chanson.—Feux d'artifice au Pont-Neuf. — Le Savoyard. — Ses chansons. — Ses voyages.—C'est l'Homère du Pont-Neuf.— Ce que coûte une chanson.—Le cocher de Verthamont.—Son costume.— Ses complaintes. — On assassine au Pont-Neuf, puis on y chante l'assassinat commis. — Meurtre du baron de Livet. — Meurtre de Magnon, ami de Molière. — Spadassins et racoleurs.— Les fours du quai de la *Ferraille.*—Comment on se débarrasse des gens qui vous gênent. — Un vers de Voltaire sur un drapeau.— Tricot le racoleur.— Son enterrement.— La chanson de *Marlborough* et le *De Profundis.*—Les *Capons.* — Leurs tours et leurs dupes au Pont-Neuf.

Les échauffourées de la Fronde, que nous avons racontées, n'avaient pas eu lieu sur le

Pont-Neuf sans qu'il en résultât un très-grand dommage pour tous les petits négoces dont il était le vaste bazar, et pour les empiriques et baladins de toutes sortes qui y dressaient leurs tréteaux. Le badaud est poltron ; une première émeute l'attire et l'amuse; mais, pour peu qu'elle se renouvelle et devienne plus sérieuse, il prend peur et décampe. C'est ainsi que, dès la seconde algarade, entendant les coups de feu, et voyant le sang couler, il s'était effarouché et avait déserté le Pont-Neuf. Or, plus de badauds, plus de clientèle pour les petits marchands, plus de spectateurs pour les parades des empiriques, plus d'acheteurs pour leur baume.

On trouve, dans une mazarinade de 1649, *le Ministre d'État flambé,* un tableau curieux de ce grand théâtre abandonné où chaque industriel attend vainement la pratique, et hèle à cris superflus le passant, pâle de peur et qui fuit à toutes jambes :

> Le Savoyard plaint chaque écot,
> L'Orviétan est pris pour sot,
> Il n'a ni théâtre, ni baume.
> . . . .
> Cardelin semble être perclus :
> Son corps ne fait plus de merveille ;
> Carmeline, en un coin reclus,

Voit ses pélicans superflus [1].
Le Coutelier même sommeille.
. . . .
Sur le Pont-Neuf, Cormier en vain [2],
Plaint sa gibecière engagée;
La Roche y prône pour du pain.

Si ces gens, dont le métier est d'arracher les dents, de vendre des drogues ou des chansons et de faire des cabrioles, ne trouvent plus ici à qui se prendre, tant l'argent et les loisirs sont devenus choses rares, les libraires, au contraire, les marchands de libelles, qui font commerce de malices et de satires, y trouveraient plus que jamais occasion de vente et de fortune. Faute d'autres lectures, on s'est fait si curieux de commérages politiques! faute d'autres plaisirs, on s'est fait si méchant! Par malheur, comme nous l'avons déjà dit, le gouvernement a pris l'éveil de bonne heure; il a mis ordre tout d'abord à ce que cette curiosité pour les satires ne trouvât plus une pâture sur le Pont-Neuf. Il a fait

[1] Voir plus bas quelques détails sur cet arracheur de dents.

[2] Autre arracheur de dents qui fut mis en scène avec La Fleur, charlatan et marchand de curiosités, dans la mazarinade qui a pour titre : *Les Entretiens du sieur Cormier avec le sieur La Fleur, dit le Poitevin, sur les affaires du temps;* Paris, 1649, in-8o.

en sorte que la Samaritaine ne fût plus, comme elle l'était encore au commencement des troubles, « la bibliothèque commune de tout Paris[1]; » il a chassé de ses environs vendeurs et acheteurs, pour lesquels, lit-on dans le *Prédicateur déguisé*, « aucune pièce n'étoit ni bonne, ni judicieuse, encore moins de mise, si elle n'étoit satirique, ingénieuse, impudente, » etc.

Par suite des mesures prises, dès qu'un crieur de libelles paraissait sur le pont, il était arrêté, ou tout au moins expulsé avec force bourrades. Tous le savaient et ne s'y aventuraient plus; aussi dit-on qu'en une circonstance M. de Beaufort, ne trouvant à qui faire vendre les libelles écrits à sa dévotion, s'en était fait lui-même le distributeur[2]. Les placards, aussitôt affichés, étaient arrachés; de là des rixes souvent sanglantes entre ceux qui portaient la main sur les affiches fraîchement mises et ceux qui s'acharnaient à les vouloir lire. Omer Talon raconte une lutte de cette espèce, dans laquelle ceux qui

---

[1] Moreau, *Bibliographie des Mazarinades*, t. II, p. 367.

[2] *Ibid.*, t. II, p. 77.

s'opposaient à l'enlèvement du placard mirent « telle résistance, qu'il y eut, dit-il, meurtre au bout du Pont-Neuf [1]. »

Les libraires savaient bien ce qu'ils avaient perdu quand on les avait chassés de cette grande arène. C'était leur gagne-pain et leur popularité qu'on leur avait ôtés. Ils firent tout pour obtenir d'y reprendre leur place. Le coadjuteur promit de les y aider, et, par les bonnes paroles que leur transmit à ce sujet Matarel, l'un de ses affidés, il les entraîna peu à peu à porter au Palais une supplique armée, ou, pour mieux dire, à faire une petite émeute dont il avait besoin à ce moment-là contre les gens du Parlement. Le coup fait, personne ne fut dupe de l'intention de Gondi, pas même ces pauvres libraires qui avaient été en cela ses instruments bénévoles. On le lui reprocha très-vertement plus tard dans une mazarinade, *le Bon frondeur qui fronde les mauvais frondeurs* : « Pourquoi, y est-il dit, envoie-t-il Matarel solliciter de sa part les libraires qui étoient sur le Pont-Neuf, pour les faire venir au Palais avec des armes à feu et des baïonnettes, leur promettant leur ré-

---

[1] *Mémoires d'Omer Talon*, édition Michaud, p. 395.

tablissement sur ledit pont de la part de la reyne ? »

Quand ce temps de troubles fut passé, il sembla que le Pont-Neuf dût redevenir libre pour le débit des petites feuilles satiriques, des pasquins et des chansons. Point du tout. Louis XIV régnait, et l'on sait à quel point sa police était exacte et rigoureuse pour tout ce qui s'attaquait à lui et tentait de lui infliger quelque reproche ou quelque ridicule public. Les chanteurs avaient retrouvé leurs pratiques et leurs refrains, mais ils ne purent reprendre leurs méchancetés. Dès qu'une pointe trop malicieuse perçait dans leurs chansons, on saisissait l'homme et sa marchandise. On lui faisait avouer en quel endroit se fabriquaient, s'imprimaient ces rimes coupables, et, à moins qu'ils ne fussent bien loin, en Hollande, avec tant d'autres faiseurs de *lardons* et de gazettes, on allait arrêter le poëte et l'imprimeur. On fit ainsi main basse, au mois de janvier 1703, sur une imprimerie clandestine établie à Senlis, et d'où sortaient « les chansons infâmes qui se débitaient alors sur le Pont-Neuf[1]. »

[1] *Correspondance administrative de Louis XIV*, publiée par G. Depping, t. II, p. 801.

Que faire dans un pareil temps, sous le coup d'une telle police, lorsqu'on se sent démangé de l'envie d'être méchant? Se prendre aux particuliers, s'attaquer aux ridicules et aux vices des grands? Mais ceux-là aussi étaient sur leurs gardes, faisaient bonne police, chacun pour son compte, et, la bastonnade venant en aide, tiraient vertement vengeance de toute satire, de tout couplet qui les effleurait de sa pointe. Saint-Amant s'était un jour avisé de faire courir, contre M. le Prince, une chanson de sa façon, dont le refrain, *Laire lan laire*, était à lui seul une insulte. Tous les rieurs du Pont-Neuf s'en étaient égayés. A peu de jours de là, un beau matin, le poëte fut trouvé roué, *assassiné*[1] de coups de bâton, et cela aussi tout au beau milieu du Pont-Neuf. M. le Prince avait voulu que sa vengeance fût prise à la place même où l'insulte lui avait été faite.

Il n'avait pas été difficile d'y surprendre Saint-Amant. Le gros homme était un des hôtes assidus de ce forum mouvant de la gaieté, de la ribaudaille, de la farce. Il y venait

[1] C'est l'expression employée dans la note mise au bas du manuscrit de l'Arsenal, où se trouve cette chanson, et que notre ami M. Ch. Livet nous a fait connaître.

rire et digérer ; puis, rentré au cabaret ou dans son grenier, il charbonnait quelques rimes de haut goût sur tout ce qu'il avait vu, sur tout ce qu'il avait saisi de ce multiple et changeant tableau. C'est ainsi qu'un jour il sut crayonner au vif, en pleins haillons, en plein orgueil, ce pauvre et morose de Mailliet, dont nous avons donné le portrait d'après lui[1].

Une autre fois, le jour de la naissance de Louis XIV, se trouvant sur le terre-plein du Pont-Neuf, lieu choisi alors pour ces sortes de réjouissances [2], au moment où flambait l'immense feu de joie allumé en cette occasion, il s'était mis à rimer ce grotesque couplet :

[1] Nous aurions pu multiplier les portraits des poëtes, savants ou maniaques enguenillés qui erraient sur le Pont-Neuf comme autant de fantômes dépenaillés ; et vous y montrer, par exemple, le géomètre Vaulezard, que Gabriel Naudé a si curieusement peint dans le *Mascurat*, p. 270.

[2] C'est là qu'on alluma, pendant une partie du XVIIIe siècle, le feu de la Saint-Jean. En 1785, l'une des dernières fois que cette cérémonie populaire eut lieu, c'est le comte de Provence qui remplaça le roi au feu du Pont-Neuf. Très-souvent on tira des feux d'artifice, soit sur la Seine, entre le Pont-Neuf et le Pont-Royal, soit sur le terre-plein même. Voyez le *Journal* de Barbier, t. II, p. 238, 241, 307.

> Au milieu du Pont-Neuf,
> Près du cheval de bronze
> Depuis huit jusqu'à neuf,
> Depuis dix jusqu'à onze,
> On fit un si grand feu, qu'on eut grand'peine
> De sauver la Samaritaine,
> Et d'empêcher de brûler la Seine.

Il n'était pas un chanteur du Pont-Neuf que Saint-Amant ne connût. On n'y débitait pas un refrain qu'il ne l'entendît de façon à en garder mémoire et à en rendre bon compte. Lorsque, après le siége de Gravelines, tous ces chantres s'évertuèrent en l'honneur des vainqueurs, Saint-Amant fut un des premiers à faire chorus, et voici ce qu'il en écrivit dans son *Épistre héroï-comique à Monseigneur le duc d'Orléans*, qui était du nombre de ces victorieux mis en couplets :

> Nostre Pont-Neuf, qui pourtant a de l'âge...
> De tes vertus s'entretient tous les jours;
> Là, son aveugle, à gueule ouverte et torse,
> A voix hautaine, et de toute sa force,
> Se gorgiase à dire des chansons
> Où ton bonheur trolle en mille façons;
> Là, sa moitié qui n'est pas mieux pourvüe
> D'habits, d'attraits, de grâces ni de veüe,
> Le secondant, plantée auprès de luy,
> Verse au badaud la joie à plein muy.

Le chantre aveugle, dont parle ici Saint-

Amant, sans le nommer, sachant bien que ce serait inutile, n'est rien moins que le fameux Savoyard, dont un vers de Boileau a prolongé jusqu'à nos jours la popularité [1]. Son vrai nom était Philippot, selon Brossette et selon d'Assoucy, et l'on a un choix de ses couplets sous ce titre : *Recueil nouveau des Chansons du Savoyard, par lui seul chantées à Paris* (1665, in-18).

Quand une de ses chansons, celle de *Toinon la belle jardinière*, par exemple, qui se chante encore dans quelques provinces, ou celle de *la Comédienne Belleroze*, dont j'ose à peine vous dire le refrain :

> Ne gagnant plus rien sur la Seine
> Elle trafique sur le Rhin,

avait fait fortune à Paris, il s'en allait, clopin-clopant, la vendre dans les autres villes. D'Assoucy, qui, lui aussi, faisait alors ses grandes caravanes lyriques, le rencontra je ne sais trop en quelle ville du Midi, et lui consacra quelques pages très-curieuses de ses *Aventures* [2].

---

[1] Satire IX.
[2] *Les Aventures de M. d'Assoucy*, t. Ier, ch. VIII, p. 246, 266.

« Tel que vous me voyez, monsieur, lui
« fait-il dire, apprenez que je suis un enfant
« des Muses, des plus célèbres et des plus
« chéris, poëte et chantre fameux, mais
« un chantre doué d'un organe si puissant,
« et d'une voix si éclatante et si forte, que
« pourvu que j'aye pris seulement deux
« doigts d'eau-de-vie, si je chantois sur le
« quay des Augustins, le roy m'entendroit
« des fenestres de son Louvre. » Cela dit,
continue d'Assoucy, sans attendre d'être prié,
il tira de sa poche un petit livre couvert de
papier bleu, et, l'ayant donné à un jeune
garçon qui lui servoit de guide, ils unirent
tous deux leurs voix, et tous deux, le chapeau sur l'oreille, ils chantèrent ces agréables chansons :

Hélas! mon amy doux, etc.

et cette autre que chantoit autrefois Gantier Garguille :

Baise-moy Julienne,
Jean-Julien, je ne puis. »

Plus loin d'Assoucy lui fait dire encore : « Si vous passez jamais sur le Pont-Neuf, c'est sur les degrez de ce pont que vous verrez mon Parnasse; le Cheval de Bronze est mon Pegaze, et la Samaritaine la fontaine de mon Hélicon. »

Quelquefois le Savoyard se chantait lui-même; il disait par exemple dans un des couplets autobiographiques conservés dans son *chansonnier*, qui n'est pas celui des Grâces :

> Malgré la perte de mes yeux,
> Mon nom éclatte en divers lieux.
> Sous ce titre d'incomparable :
> Si je passe pour débauché,
> Je n'en suis pas moins estimable,
> Moins heureux ni moins recherché.
> . . . .
> N'oubliez pas le Savoyard,
> Avec ses chansons dissolues.
> S'il n'eût pas été si paillard,
> Il n'auroit pas perdu la vue...
> . . . .
> Je suis l'Orphée du Pont-Neuf,
> Voicy les bestes que j'attire :
> Vous y voyez l'asne et le bœuf
> Et la nymphe, avec le satyre,
> Accourez filles et garçons...

Les habitudes errantes de ce rapsode du Pont-Neuf l'avaient fait comparer à Homère, mendiant et aveugle comme lui. On trouve cette comparaison sérieusement écrite dans les *Mélanges* de Vigneul-Marville, et G. Guéret l'a fait développer d'une façon comique par

Bois-Robert dans son petit livre, la *Guerre des auteurs anciens et modernes :* « Ne vous entestez point si fort de cet aveugle, fait-il dire par le burlesque ennemi d'Homère, ses poëmes ne sont composés que des chansons qu'il chantoit devant la Samaritaine et sur le Pont-Neuf de son temps ; c'étoit un coureur de cabaret, qui suivoit la fumée des bons écots, et j'ai plus de deux garants parmi messieurs les anciens, qui me font dire qu'il n'avoit pas un emploi plus honorable que celui de notre fameux Savoyart. »

A côté de cet Homère de la gaudriole, l'on entendait, s'égosillant à pleins poumons, les Pindares de la complainte, qui vendaient le crime chanté, vol ou assassinat, le même prix que les autres débitaient la gaieté ou le scandale en refrains. Tout compris, c'était six blancs, sans compter l'air qu'on pouvait apprendre au vol :

> Sur un théâtre magnifique,
> Un grand air de Lully se vend
> Un Louis d'or, c'est le prix courant.
> Mais quand il court la pretentaine
> Autour de la Samaritaine,
> Le livre et la feuille : six blancs [1] !

[1] *Théâtre italien* de Gherardi, t. VI, p. 614: *Pasquin et Marforio*, sc. VII, 1697.

Quand le crime ne donnait pas, quand l'assassinat venait à chômer, ou bien lorsqu'un ordre trop clément du roi enlevait au gibet sa victime, à la complainte son héros, tous ces gens-là étaient bien empêchés. Auteurs, car il y en avait qui vivaient des canards en prose ou en rimes griffonnés sur ces sujets; colporteurs et chanteurs n'avaient plus rien à mettre sous la dent.

Lesage, dans son *Meslange amusant*, le moins connu, mais non pas le moins curieux de ses livres, met en scène un *auteur* de cette espèce, qui vivait très-frugalement de ces petits ouvrages. Il les donnait à vendre aux colporteurs à six deniers l'exemplaire, et ses agents devaient lui rendre compte du débit : « Un jour, dit Lesage, rencontrant un de ces colporteurs, qui lui devoit neuf francs, il l'arrêta pour les lui demander, en lui disant : — L'ami, quand me donneras-tu ce que tu me dois de reste de notre dernier compte ? — Monsieur, lui répondit le colporteur, je vous aurois porté ce matin vos trois écus, sans le malheur qui m'arriva hier. — Quel malheur t'est-il donc survenu ? lui répliqua l'auteur. — Le plus cruel du monde, repartit le colporteur; on devoit pendre l'après-disnée à la Grève un insigne voleur ; il avoit été jugé le matin ; je comptois qu'il seroit indubitablement expédié dans la journée : sa sentence étoit déjà imprimée, et je m'attendois à la crier ; mais j'appris à midi que le criminel venoit d'obtenir sa grâce. Cela n'est-il pas bien chagrinant pour un pauvre diable tel que moi, qui ne vit que d'exécutions patibulaires et d'autres événements que de bons auteurs comme vous font savoir au public ? Cependant, ajouta-t-il, une chose me console un peu de ce contretemps, c'est que, mardi prochain, on doit rouer un enfant de famille. C'est de l'or en barre, à moins que je ne sois encore assez malheureux pour qu'on lui fasse grâce. »

De tous les chanteurs du Pont-Neuf qui accommodaient chaque crime nouveau sur le vieil air des *Pendus,* l'air de *Fualdès* de ce temps-là, le plus connu, le plus couru vers la fin du dix-septième siècle, était le cocher de Verthamont. Il avait longtemps mené le carrosse d'un magistrat de ce nom, frère du premier président au grand conseil ; puis, dégoûté du service, se sentant de la voix et se croyant poëte tout comme un autre, il s'était installé près de la Samaritaine, sans se dépouiller, dans ce métier nouveau, ni de sa qualité, ni même, à ce qu'il paraît, de son costume de cocher. Du moins, en parlant de lui, Desfontaines dit qu'il a « illustré la livrée d'un grand magistrat [1]. »

Le cocher de Verthamont excellait dans la complainte; mais, lorsque les affaires criminelles étaient un peu languissantes, lorsqu'on ne pendait et ne rouait pas assez pour qu'il pût vivre, il se rejetait avec succès sur le cantique. Par exemple, sur l'air de *Belle bergère champêtre*, il vous chantait l'*Histoire de l'heureuse conversion de la Samaritaine*. Voici le premier couplet :

> Jésus, plein d'amour extrême,
> Prit la peine
> D'une pauvre âme chercher.
> Il traverse les campagnes,
> Les montagnes,
> Afin de l'aller trouver....

---

[1] *Éloge historique de Pantalon-Phœbus.* — Il n'était pas étonnant que ce cocher eût pris goût à faire et à chanter des *ponts-neufs*, c'était le plus grand plaisir des laquais d'en aller entendre. « Un laquais, dit Tallemant, qu'on envoyoit dans la rue Dauphine, comme on lui demandoit s'il reviendroit bientôt : « C'est, répondit-il, suivant les chansons qu'on chan-« tera sur le Pont-Neuf. » (*Historiettes*, édition in-12, t. X, p. 138.) — Cyrano, voyant quel public entourait

Je vous fais grâce des trente-six autres. Il savait encore le *Cantique spirituel de la chaste Suzanne*, dont il chantait à plein gosier les vingt-quatre couplets, sur l'air très-connu de ses voisins, les racoleurs du quai de la Ferraille, *Un matin voulant m'enrôler :*

> Chrestiens, venez pour escouter
> Ce que je vais chanter :
> C'est une histoire
> De l'Ancien Testament,
> Qu'il nous faut croire
> Très-véritablement [1].

Mais ces psalmodies dévotes n'étaient, encore une fois, pour le cocher de Verthamont, que le *casuel* du métier ; c'est la complainte qui en était le fond. Là, il pouvait briller du moins, non pas seulement comme chanteur, mais comme poëte aussi. Pour que vous jugiez ces chanteurs, les compare à Orphée comme l'avait fait le Savoyard lui-même : « Je vis loger, dit-il, dans sa *Lettre* XXe, Orphée avec le chantre du Pont-Neuf, pour ce qu'ils ont sceu l'un et l'autre attirer les bestes. »

[1] Nous n'avons trouvé ces cantiques très-rares que dans le tome V du recueil factice fait par Jamet le jeune, sous le titre *Femmes*, et que possède la Bibliothèque impériale.

de cette dernière partie de son talent, je vais vous faire connaître, d'après Meusnier de Querlon [1], le premier couplet de la belle complainte qu'il fit sur la mort du lieutenant criminel Tardieu, assassiné avec sa femme le 30 août 1665. Vous y verrez que les grandes traditions de la complainte, si bien conservées dans l'éclatante épopée de Fualdès, nous viennent en droite ligne du cocher de Verthamont :

> Des voleurs insolents,
> Qui n'avoient pas d'argent,
> Ont d'humeur incivile,
> Assassiné Monsieur,
> Lieutenant, plein d'honneur,
> Criminel de la ville [2].

Le crime que le chanteur trouvait moyen de rendre si grotesque, avait été commis sur le quai des Orfévres, à quelques pas du lieu où il en psalmodiait le récit. Chaque matin, sans même aller si loin, il pouvait trouver de pareils sujets de complaintes. On n'avait

---

[1] *Mémoire historique sur la Chanson*, en tête de l'*Anthologie de Monet*, 1765, in-8º, t. Iᵉʳ, p. 54.

[2] Sur cet assassinat et sur ces victimes, que Boileau nous a si bien fait connaître dans sa Xᵉ satire, voyez notre *Paris démoli*, 2ᵉ édition, p. 135 et 365.

pas cessé d'assassiner sur le Pont-Neuf, et le cocher de Verthamont aurait pu gagner sa vie, rien qu'à y chanter, le jour, le meurtre qu'on y avait commis la nuit.

Un matin de l'année 1663, dans le temps où le tirelaine Jean le Brutal se faisait le plus redouter [1], un poëte, ami de Molière, nommé Magnon, avait été trouvé percé de coups de poignard sur le Pont-Neuf [2]. Le baron de Livet y avait été aussi tué vers le même temps. Comme il se rendait de nuit, des Tuileries à la place Dauphine, il avait été attaqué par six de ces voleurs, qui s'embusquaient de préférence entre la Samaritaine et le Cheval de Bronze [3]. Au lieu de jeter sa bourse, qu'on lui demandait, il mit l'épée à la main, blessa deux des tirelaines, mais enfin désarmé, il fut tué [4].

Des crimes semblables se renouvelaient chaque nuit. Nous ne citons donc ici que les

---

[1] *Aventures burlesques* de d'Assoucy. Édit Colombey, p. 194-495.

[2] Voyez *Anecdotes dramatiques*, t. III, p. 316, et Taschereau, *Vie de Molière*, 2ᵉ édition, p. 212.

[3] *Œuvres de Tabarin*, biblioth. Elzévirienne, t. II, p. 178.

[4] Ch. L. Livet, *Précieux et Précieuses*, p. 332.

assassinats qui firent un peu de bruit à cause de la qualité de ceux qui en furent les victimes, et les seuls dont, pour la même raison, les gazetiers, tels que Loret et Robinet, n'ont pas dédaigné de faire mention.

La nuit c'étaient les voleurs; le jour c'étaient les spadassins, dont on ne comptait pas moins d'une dizaine de mille dans Paris. Ils étaient logés pour la plupart dans le quartier Latin [1] d'où ils descendaient, vers midi, pour faire leurs mauvais coups sur le Pont-Neuf. Un jour, quatre des plus redoutables y attaquèrent, en plein soleil, le graveur Jean Papillon qui, par bonheur, était brave et bien armé. Il leur tint tête et les mena toujours ferraillant jusque vers Saint-Séverin où il trouva un refuge [2].

Les racoleurs étaient des vauriens de la même trempe, qui cumulaient le métier de bretteurs et celui de marchands de chair humaine pour le compte du roi.

Le siége de leur industrie se trouvait sur le

---

[1] *Paris démoli*, p. 24.

[2] Papillon a raconté lui-même ce combat dans son *Hist. de la Gravure sur bois*, in-12, p. 371-378. Voir l'exemplaire unique possédé par la Bibliothèque impériale.

quai voisin du Pont-Neuf, en cette ancienne *Vallée de misère* où les marchands du *Pont aux oiseaux* s'étaient établis avec leurs cages après sa destruction [1], et que l'étalage des marchands de *ferraille* qui lui donnèrent leur nom, encombraient déjà en 1616 [2]. C'était un étrange bazar que ce *Quai de la Ferraille*, dont Florian, qui s'y promenait souvent, a dit, dans une de ses fables :

On y vend des oiseaux, des hommes et des fleurs....

On y brocantait de tout, comme vous voyez. Sous Henri II, les Anglais étaient venus y vendre des tables d'autel, des saints dorés, des ornements de prêtres, devenus hors d'usage chez eux depuis le triomphe du schisme [3]. Pendant la Régence, les grandes dames y firent, par l'entremise des oiseliers en renom qui s'y trouvaient, le commerce des oiseaux chanteurs. Elles avaient la manie du *Diphile* de La Bruyère, mais moins désintéressées que lui, elles tâchaient d'en tirer

---

[1] *Variétés hist. et litt.*, collection elzévirienne, t. II, p. 276.
[2] *Ibid.*, t. VI, p. 36.
[3] G. Corrozet, *Antiquités de Paris*, ch. XXVIII.

profit : « Dans les hôtels les plus opulents, dit Lemontey, au chapitre de son *Histoire de la Régence* qu'il consacre aux *Mœurs*, on employait les femmes de chambre et même les demoiselles de qualité à élever ces jolis oiseaux que les Espagnols avaient apportés des îles Canaries, et auxquels la mode et la nouveauté donnaient du prix. Une duchesse trouvait aussi naturel d'envoyer vendre ses serins chez le célèbre oiselier du quai de la Mégisserie[1], que Charlemagne de grossir son revenu du produit des herbes de son jardin. » Mais, sur ce quai, c'est la vente des hommes, la *traite* des soldats qui était encore le négoce le plus actif et le plus rempli d'accidents.

Il se faisait en des cabarets borgnes, voisins de l'arche Marion, que l'on appelait *Fours*. Les racoleurs en sortaient le bouquet sur l'oreille, tenant d'une main un broc, et de l'autre un sac dont ils faisaient tinter les écus aux oreilles des passants. Rarement il s'écoulait un jour sans qu'ils prissent quelques niais à leurs amorces ; soit sur le Pont-Neuf,

[1] En 1768, c'est le sieur Château qui était le plus célèbre oiselier du quai de *la Ferraille*.—V. dans *l'Avant-Coureur*, 4 janv. 1768, p. 10, la liste des oiseaux rares qu'il avait à vendre.

soit aux environs. Si, après d'inutiles caresses, il fallait recourir à la force, ils n'y manquaient pas. Le bretteur alors reparaissait sous le racoleur. C'était le beau du métier, car, en ces occasions-là, le profit souvent était double. C'était toujours au compte de quelqu'un, qu'ils enlevaient l'enrôlé forcé, or, ce quelqu'un était d'ordinaire trop intéressé à la disparition de l'homme enlevé, pour ne pas la bien payer. A ce premier bénéfice s'en joignait un autre : l'argent reçu comptant du capitaine dont la compagnie s'enrichissait de la recrue nouvelle.

En 1676, un pauvre diable nommé Paste, dont le témoignage pouvait nuire dans une affaire qui intéressait M. d'Acqueville, fut ainsi enlevé et enrôlé. « Il se vit, dit l'abbé Blache [1], que cette affaire n'intéressait pas moins, mais d'une façon toute contraire, et qui tenait autant à la présence de Paste, que M. d'Acqueville à sa disparition, il se vit enveloppé au bout du Pont-Neuf par des bretteurs, qui le livrèrent à M. Milon, capitaine au régiment de Normandie, qui l'enrôla.

---

[1] *Mémoires de l'abbé Blache*, Revue rétrospective, 1re série, t. I, p. 64.

J'appris, continue l'abbé, le lieu où il étoit, par quelques légers indices que me donna le concierge de la maison seigneuriale où logeoit le chanoine, à Rueil, qui dit qu'il avoit coûté douze louis pour cette prise. Enfin, moyennant six louis, ce malheureux eut son congé. »

Dancourt, dans sa comédie de *la Gazette*[1], a mis en scène un racoleur qui, ayant besoin d'hommes pour compléter la compagnie de Clitandre, et ne trouvant rien dans les *Fours*, fait main basse sur tous les individus, jeunes ou vieux, qui sont un obstacle pour le mariage de son capitaine. La pièce se passe en 1693, le bon temps du racolage, car le roi, pour suffire à ses guerres, avait alors grand besoin des soldats, — remarquez bien que je ne dis pas : des *volontaires*,—que ce moyen violent lui fournissait. La nécessité l'obligeait par conséquent à ne pas l'empêcher. Deux ans après toutefois, bien que la guerre continuât toujours, ce recrutement forcé, cette *presse,* comme on dirait en Angleterre, était tombé dans de tels excès de violence ; le nombre des racoleurs, et celui de leurs dupes

---

[1] *Œuvres de Dancourt*; in-12, t. II, p. 229-230, 249, 255, 264.

ou de leurs victimes, s'étaient tellement augmentés qu'il fallut y mettre ordre : « Il y avoit, lisons-nous dans le *Journal de la cour de Louis XIV,* sous la date du 10 janvier 1695, plusieurs soldats, et même des gardes du corps, qui, dans Paris, et sur les chemins voisins, prenoient par force des gens qu'ils croyoient en état de servir, et les menoient dans des maisons, qu'ils avoient pour cela, dans Paris, où ils les enfermoient et ensuite les vendoient, malgré eux, aux officiers qui faisoient les recrues. Ces maisons s'appeloient *fours.*

« Le roy, averti de ces violences, commanda qu'on arrêtât tous ces gens-là, et qu'on leur fît leur procès. On prétend qu'il y avoit vingt-huit de ces fours, dans Paris, lesquels fours ne servoient pas seulement à retenir les hommes à vendre comme recrues ; ils servoient encore à renfermer les femmes et les enfants des deux sexes, que l'on enlevoit pour les vendre, et les envoyer en Amérique[1]. »

[1] En 1700, ces désordres avaient recommencé, et M. de Pontchartrain était obligé de donner de nouveaux ordres contre les soldats aux gardes qui s'en rendaient coupables. (*Corresp. administ.*, t. II, p. 800 et 801.)

Ces messieurs du racolage avaient de la littérature. Quand Voltaire eut donné sa *Mérope*, ils en prirent le vers le plus célèbre, et depuis lors, on ne les vit plus se promener sur le Pont-Neuf qu'avec un large drapeau portant cette inscription :

Le premier qui fut roi fut un soldat heureux [1].

Le plus fameux en ce temps-là était un spadassin nommé Tricot, qui mourut le 10 juin 1784. Ses camarades voulurent lui faire un convoi pompeux, mais *gratis*. Le curé de Saint-Nicolas-des-Champs, paroisse du bretteur décédé, ne l'entendit pas comme eux et refusa d'ouvrir son église. Ils menacèrent d'enfoncer les portes ; et comme ils étaient en grand nombre, tous armés, on céda, mais à la condition qu'ils traverseraient seulement l'église. Une fois entrés, ils ne tinrent compte de la promesse, placèrent le cercueil sur deux chaises, en firent trois fois le tour, en chantant à tue-tête, comme *De profundis*, la chanson de Marlborough, et se retirèrent enfin, après ce bel office [2] !

[1] Mercier, *Tableau de Paris*, ch. L.
[2] *Supplément aux Essais de Saint-Foix*, par Saint-Foix neveu, t. Ier, p. 170.

Les Nicaises de la province étaient les premiers pris à la pipée de ces drôles. « Je n'ay, s'écrie en sa *harangue* de 1615, Turlupin le souffreteux, type de ces niais provinciaux qui échappent si rarement à la glu des fourberies parisiennes; je n'ay eu que trop de loysir de me promener, et tomber entre les mains de marchands de chair humaine, autrement péripatéticiens du Pont-Neuf[1]. » Les racoleurs étaient de ces péripatéticiens, les rufians cherchant pratiques [2], et les *capons* en quête de dupes, étaient aussi du nombre.

C'était une variété de coquins qui faisaient double métier, et qui, pour l'un comme pour l'autre, méritaient la corde. Tantôt, « ils *truchoient dans les piolles* (mendiaient dans les auberges)... toujours à l'aguet pour *mouchailler* (regarder) s'ils trouveroient quelque chose à découvert pour le *doubler*[3]; » tantôt, ils allaient sur le Pont-Neuf engager les passants à jouer avec eux, les amorçaient par la perte de quelques parties, et finissaient par les renvoyer plumés à vif, comme cer-

---

[1] *Variétés hist. et litt.*, t. VI, p. 58.

[2] *Ibid.*, p. 59.

[3] *V.* le *Jargon*, dans les *Joyeusetez* de Techener, p. 75.

tain pauvre diable qui écrivit, en 1623, le récit de la mésaventure qu'il avait eue en leur compagnie, et s'y donna comme pseudonyme à l'avenant, le nom de C. F. Duppé [1]!

[1] *Variétés hist. et litt.*, t. III, p. 274.

IX

Le Pont-Neuf et ses *Aventures* mis en opéra.—Ses filous et ses pendus, en 1700.—On y arrête, une nuit d'hiver, la malle du courrier de Tours.—Comment, après avoir tué, l'on fait alors disparaître les traces du crime.—Cartouche au Pont-Neuf.— Le duc de Richemond assassiné.—Les *assommeurs*, en 1742. —Duels, batailles de laquais.—Combat de Cyrano et du singe de Brioche.—Tabarin et Mondor. — Leurs concurrents : Descombes, Grattelard, Barry, maître Gonin. — M. de Riche-Source, marchand de beau langage.—Molière en concurrence avec un géant et une baleine.—Padel succède à Tabarin.—Ce que devient celui-ci, sa fortune, ses prétentions, sa mort funeste.—Lyonnais, le *Médecin des chiens*, autre parvenu du Pont-Neuf.—Le grand Thomas, l'arracheur de dents. —Ses prédécesseurs : Cormier. — Ce qu'il donne au poëte Sibus pour deux dents qu'il lui arrache sans douleur. — Ses courses en province avec une troupe de comédiens. — Rondin et sa réclame. — Comment opère le grand Thomas. — Dents qu'il arrache gratis, par charité. — Ses banquets en plein vent sur le Pont-Neuf les jours de réjouissance publique. — Pourquoi l'une de ces bombances finit avant d'avoir commencé. — Ce qui s'ensuivit. — Une lettre fort peu connue de Piron à ce sujet. — Voyage du grand Thomas à Versailles pour aller voir le roi et la reine. — Son costume, sa suite, sa marche triomphale. — Quand il se retire des affaires et avec quelles économies. — Son *apothéose* en onze couplets.— Sa rencontre avec la célèbre Mie-Margot.— Ce qu'elle était. — La tante Urlurette.— Encore les filles du Pont-Neuf. — Leurs adieux en 1687. — La Fillon et M. du Harlay. — Histoire d'un vieux proverbe.

Regnard, qui était un véritable enfant de Paris, et par conséquent un ami du Pont-Neuf, en a fait d'une façon comique et pourtant sérieuse un très-singulier éloge. C'est dans sa farce italienne la *Descente de Mezzetin aux enfers*[1]. Colombine, descendue chez Pluton, parle à Mezzetin de ce qu'elle a fait sur terre, et l'œuvre dont elle est le plus fière est un opéra :

COLOMBINE.

Je l'avois tiré tout entier de l'histoire de France. Il portoit pour titre les *Aventures du Pont-Neuf*. La fable n'a rien de si magnifique.

MEZZETIN.

Les *Aventures du Pont-Neuf*, un sujet de l'histoire de France ? Voilà un auteur échappé des petites-maisons de l'Enfer.

COLOMBINE.

Comment donc? Est-ce que je dis des impertinences? Paris n'est-elle pas la plus belle ville de France? Le Pont-Neuf n'est-il pas le plus bel endroit de Paris? *Ergò*, les *Aventures du Pont-Neuf* sont les plus beaux traits de l'histoire de France.

[1] *Le Théâtre Italien* de Gherardi, 1701, in-8°, t. II, p. 299-300.

C'est une figure, ignorant, que nous appelons en latin *pars pro toto*, et en grec *sinecdoche*.

MEZZETIN.

Et en françois la folie.

COLOMBINE.

Ce qu'il y avoit d'admirable dans mon opéra, c'est que les divertissements estoient *ex visceribus rei*. D'abord, c'estoient des filoux qui coupoient des bourses. Les instruments prenoient là des sourdines. Ensuite, je faisois paroistre des joueurs de gobelets, qui faisoient flamber des étoupes dans leur bouche. Ah! ne m'en parlez point, cela vaut mieux que vos pluies de feu. Mais, ce qu'il y avoit de surprenant, et dont on ne s'estoit point encore avisé, c'estoit un divertissement d'un *trio de pendus*, qui rendoient le dernier soupir sur le mesme brin. C'estoit là, morbleu, où je rassemblois tous les tons plaintifs de la musique pour faire pleurer joyeusement toute l'assemblée.

C'est en 1689 que Regnard faisait débiter ces plaisanteries, plus ou moins gaies, au sujet des drames sinistres, crimes ou supplices dont le Pont-Neuf était le théâtre. Onze ans après, juste la première année du nouveau siècle, rien n'y est changé ; on y pend toujours, et de plus en plus on y mérite d'être pendu.

La nuit surtout, il n'est pas devenu plus sûr. Les voleurs sont même d'une telle audace en l'année 1700, qu'ils tentent un coup de main véritablement incroyable. Dans la nuit du 19 décembre, ils arrêtent, à la descente du pont, du côté de la Samaritaine, la malle du courrier de Tours, et la dévalisent complétement à leur aise sans être inquiétés[1].

L'on n'y marchandait pas avec les crimes les plus compliqués, et ce qui était fort commode, vu l'absence des maisons qui ne le bordaient pas comme les autres ponts de la ville, vu aussi le peu de hauteur des parapets, on pouvait, le meurtre commis, en faire aussitôt disparaître les traces. Un homme vient d'en poignarder un autre chez lui, il met le mort sur son dos, et, accompagné de sa servante, il arrive sur le Pont-Neuf. Là, il dit à la fille de le débarrasser de son fardeau, en le poussant par-dessus le parapet dans la rivière. Elle obéit; mais, à peine libre, il la prend elle-même et l'envoie rejoindre le cadavre. Ce coup de maître se trouve raconté dans *Pluton Maltôtier*[2].

[1] *Corresp. administ. de Louis XIV*, t. II, p. 735.
[2] Page 89. — C'était encore comme à l'époque de P. de L'Estoile, quand il écrivait en 1609, que «vers les Bonshommes on avoit pêché deux corps fraîchement poignardés et jettés en la rivière. *Magna impunitas gladiorum*, disoit Cicéron, de son temps. Di-

Vers 1720, les voleurs de la bande de Cartouche s'emparèrent du Pont-Neuf et y firent rage, leur chef en tête, car, ainsi que l'a dit Granval, au commencement du Ier chant de son poëme *le Vice puni* :

> S'il se faisoit en tout vingt vols sur le Pont-Neuf
> Cartouche, pour sa part, en rapportoit dix-neuf.

Nulle part, il ne se faisait plus belle rafle d'épées *chenues* [1], à poignées d'argent, et de cannes à pomme d'or. Le Pont-Neuf vit la gloire de Cartouche jusqu'au bout. Quand il fut roué, c'est là qu'on le chanta :

> Il n'est grand ni petit, fils de bonne maison,
> Trottin, qui sur lui n'ait en poche une chanson.
> Son nom vole à l'entour de la Samaritaine [2].

C'est à cette époque que dut y avoir lieu l'assassinat du duc de Richemond, dont l'Allemand Nemeitz est le seul qui ait parlé [3]. Il le donne naïvement comme une preuve du peu de sûreté de ce passage, la nuit.

---

sons-en autant du nôtre. » (Édition Michaud, t. II, p. 350.)

[1] Le Grand, *Cartouche, ou les Voleurs*, act. Ier, sc. 3.

[2] Granval, *Cartouche ou le Vice puni*, chant XII, *ad finem*.

[3] *Séjour de Paris* (1722), p. 120. Selon le même Nemeitz (p. 418), le passage du Pont-Royal n'était pas moins dangereux que celui du Pont-Neuf.

En 1742, une autre bande est maîtresse du Pont-Neuf : c'est celle des *assommeurs*[1], qui, par le nom qu'elle s'est donné elle-même, nous dispensera d'entrer dans d'autres détails sur sa façon de procéder. Dès la nuit tombante, elle envahissait le pont, et même quelquefois, pendant le jour, elle y continuait ses meurtres, ajoutant ainsi quelques scènes sanglantes à celles dont les rencontres entre gentilshommes[2], telles que le combat dessiné sur le premier plan de l'admirable gravure de La Belle, les duels entre les bretteurs, les rixes armées entre soldats[3], les batailles de laquais[4], l'avaient de tout temps rendu le champ-clos.

[1] *Journal* de Barbier, t. II, p. 137.

[2] Nous pourrions rappeler entre autres la *rencontre* de M. de Clermont et de M. de La Feuillade sur le Pont-Neuf, en plein jour. (*Correspondance administrative de Louis XIV*, t. II, p. 171.)

[3] En février 1736, il y eut une rixe de cette espèce entre les gardes françaises et les Suisses. Si le prévôt des marchands, M. Turgot, ne fût intervenu avec fermeté, elle eût été sanglante.

[4] Sur les continuelles insolences des laquais et sur les excès de brutalité auxquels ils se livraient, et qui furent cause qu'on leur défendit de porter l'épée, voir une note de nos *Variétés historiques et littéraires*, t. Ier, p. 283.

C'était tout bonheur quand, pour se distraire de ces algarades trop sérieuses, on avait quelque combat, quelque meurtre pour rire, comme il arriva le jour où Cyrano de Bergerac se prit de colère contre Fagotin, le singe de Brioché, et, le perforant d'un coup d'épée, priva de son meilleur gagne-pain ce pauvre homme, qui, comme vous savez, avait sa *montre de marionnettes* à quelques pas du Pont-Neuf, vis-à-vis de la rue Guénégaud, au *Château-Gaillard* [1], et était l'une des gaietés les plus courues de ces parages [2].

[1] C'est cette tourelle, très-visible sur la gravure de La Belle, dont le dernier reste n'a disparu qu'il y a quatre ans avec l'abreuvoir du Pont-Neuf. — De ce côté, il y avait des marionnettes jusqu'à la porte de Nesle. (*V*. l'abbé d'Artigny, *Mémoires*, t. II, p. 36.) On trouvait aussi, surtout le dimanche, nombre de farceurs sur le quai de la Mégisserie. C'est là que Ponteuil fit ses premières armes de comédien. (*Anecdotes dramatiques*, t. III, p. 406.)

[2] Brioché n'étant qu'un voisin très-proche, il est vrai, du Pont-Neuf, n'appartient pas forcément à cette histoire. On peut lire, à propos de son théâtre, l'érudite et amusante *Histoire des Marionnettes*, par M. Ch. Magnin. — Nous avons publié, dans nos *Variétés historiques et littéraires*, t. I*er* (Bibliothèque elzévirienne), la pièce très-rare qui a pour titre : *Combat de Cyrano de Bergerac avec le singe de Brioché, au bout du Pont-Neuf.*

En ce temps-là, ces fureurs et ces assassinats grotesques étaient tout profit encore une fois ; car, au xviie siècle, dans Paris, on ne se battait, on ne se tuait que trop bien, et tout de bon. Ce malheureux Tabarin, dont j'aurais voulu vous parler plus longuement, et à un autre propos, en est bien la preuve.

Il était venu vers 1620 avec son maître, le beau Mondor, dresser ses tréteaux sur la place Dauphine, que le président du Harlay achevait à peine de faire bâtir[1]. Là, par son gentil verbiage, par ses lazzi au gros sel, par sa dextérité surprenante à donner mille formes à son fameux chapeau, dont un livre en figures nous a transcrit les métamorphoses ; par son esprit et par sa prestesse il s'était bientôt conquis toutes les badaudes admirations. Le maître et le valet, — Tabarin, encore une fois, n'était pas d'abord autre chose, — n'avaient pas tardé à faire une fortune à laquelle avait aussi contribué, il est vrai, la bonne mine de Mondor, fort admirée des dames du quartier, et non moins courue que ses opiats pour les dents gâtées[2], ses pom-

---

[1] *V.* plus haut, p. 111.
[2] *V.* le *Pasquil de Cour*, dans nos *Variétés*, t. III,

mades et ses onguents. Ils avaient laissé bien loin d'eux tous les autres opérateurs avec leur prétentieux théâtre et leur Marocain, sorte de négrillon postiche, qui leur servait de valet et de farceur[1]; tous les droguistes à *l'eau cordiale*[2], tous les apothicaires[3] ou *pharmatiens* (sic), comme on les appelait déjà[4], et dont les boutiques volantes encombraient les côtés du Pont-Neuf; enfin, tous les vendeurs de *triacle* (thériaque)[5], tous les pédicures en plein vent, alors appelés *tireurs de cor*[6], tous les *maîtres Gonins*, tous les faiseurs de tours de passe-passe, « anciennes trompettes revenues des guerres, » comme

p. 263. — Les bourgeoises mises en scène dans *les Caquets de l'accouchée* reviennent souvent sur la bonne mine de Mondor, devant laquelle ne pouvait tenir son rival Desiderio-Descombes. (*V.* notre édition des *Caquets*, p. 101.)

[1] Tabarin avait aussi un More, mais qui ne lui servait que de valet. (*Œuvres de Tabarin*, édit. elzévirienne, II, 330.)

[2] *Ibid.*, p. 49.

[3] *Ibid.*, p. 265.

[4] *Ibid.*, p. 384.

[5] *La Harangue de Turlupin le Souffreteux* dans nos *Variétés*, t. VI, p. 71.

[6] *Ibid.*

les appelle Sorel dans *Francion*[1], qui faisaient tapage aux alentours. La parade de Desiderio-Descombes, *le charlatan*, comme on l'appelait, et comme il s'appelait lui-même, soit à cause de son habit d'escarlate (*scarlatano*)[2], soit plutôt parce qu'il ne faisait que bavarder *ciarlare*[3], n'était, quoi qu'il pût faire avec son étalage de serpents en bouteilles, ses vipères rendues inoffensives, ses rares antidotes et ses grands mots ita-

[1] *Histoire comique de Francion*, liv. X, édition de Rouen, 1635, in-8°, p. 689. — Ces trompettes retournaient souvent à leur ancien métier, aux dépens des oreilles du passant. Selincourt se plaint, en 1633, de ce qu'on n'emploie à la chasse que de simples trompes au lieu de *cors qui se font entendre de plus de deux lieues*, et aussi de ce qu'on a *établi une licence de sonner à la manière des maîtres du Pont-Neuf*. (Cité par Legrand d'Aussy, *Vie privée des Français*, édit. Roquefort, t. Ier, p. 426.)

[2] C'est à Beckmann, dans son livre de *Beiträge zur Geschichte der Erfindungskunst* (trad. angl.), t. II, p. 190, que nous devons cette étymologie du mot *charlatan*. — Sur Desiderio-Descombes on peut lire : *Discours sur l'origine des mœurs, fraudes et impostures des charlatans*, etc., Paris, 1622, in-8°, p. 35, 39, 51.

[3] De ce mot italien, on avait fait le verbe français *charlater*, dont *charlatan* n'est que le participe. (V. le *Pont-Breton des Procureurs*, pièce de 1624, dans nos *Variétés hist. et littér.*, t. VI, p. 272.)

liens, n'était rien auprès de l'estrade toujours joyeuse, toujours entourée de Mondor et de Tabarin[1]. Si l'on venait à le comparer à ces deux virtuoses, le baron de Grattelard lui-même[2], malgré ses onguents et ses contes, n'était qu'un très-piètre enfileur de sornettes, un méchant empirique, un vrai marchand de mort aux rats[3].

[1] Ce théâtre est représenté en tête de l'*Inventaire universel des œuvres de Tabarin...* Paris, 1622, in-12. On y voit Mondor, avec sa longue barbe ; Tabarin, avec son *tabar* (sorte de jaquette de paillasse) et son petit manteau sur le côté, leur page devant un coffret ouvert où sont les fioles et les remèdes ; dans le fond, deux joueurs de viole. Le volume contient 64 parades en dialogues.

[2] On a une facétie très-piquante sous ce titre : *Les rencontres, fantaisies et coqs-à-l'asne du baron de Grattelard, tenant sa classe ordinaire au bout du Pont-Neuf, avec ses gaillardises admirables, ses conceptions joyeuses et farces joviales.* Paris, Ant. Raffé, in-12. — Dans ces derniers temps, on réimprimait encore à Montbéliard les *Entretiens facétieux du sieur baron de Grattelard, disciple de Verboquet*, etc., in-18. (V. Nisard, *Hist. des livres populaires*, t. Ier, p. 388.)

[3] Il y avait toujours sur le Pont-Neuf quelque crieur de *mort aux rats*, avec sa boîte d'arsenic et son chapelet de victimes étalées le long d'une perche. Du temps de Tabarin, le plus célèbre en ce métier était « un certain estranger qu'on entendoit crier

Le fameux Hieronimo de Ferranti, d'Orviette, qui vint dans le même temps ériger un théâtre en la cour du Palais[1], et qu'on

par la ville : *Mort aux rats et souris !* (*Œuvres de Tabarin*, t. II, p. 69.) — Dans cette pièce singulière, faite à propos des rats savants et saltimbanques, laquelle a pour titre : *Au roy, requeste des Rats qui dansent sur la corde*, nous lisons :

> Faites donc défense d'abord,
> A peine d'exil ou de mort,
> D'attenter plus à notre vie,
> A celuy qui, chaque jour, crie :
> La mort aux rats et aux souris,
> Sur votre Pont-Neuf de Paris.

(*Recueil de quelques pièces nouvelles et galantes*. Cologne, P. Marteau, 1684, 2e part., p. 77.)

[1] Le grand ennemi de ces empiriques, le sieur Courval, dans son petit livre, *les Tromperies des Charlatans découvertes*, 1619, in-8°, p. 7, nous le montre sur ce théâtre, où « la grosse chaîne d'or au col, il déployoit les maîtresses voiles de son cajol... pour louanger... les vertus occultes et admirables propriétés de ses onguents, huiles, extractions, quintessences, distillations, calcinations et autres fantasques confections.... Il avoit quatre excellents joueurs de violon, qui avoient séance aux quatre coings de son théâtre, lesquels faisoient merveilles, assistez d'un insigne bouffon ou plaisant de l'hostel de Bourgogne nommé *Galinette la Galina*, qui, de sa part, faisoit mille singeries, tours de souplesse et bouffonneries pour attirer et amuser le peuple.... »

appela l'Orviétan à cause de sa ville natale, eut beaucoup de peine à obtenir une égale célébrité. Il n'en fut même redevable qu'à la fameuse drogue dont Blegny l'apothicaire, puis en 1741, le maître du *Soleil d'or*, rue Dauphine[1], finirent par acheter le secret, mais qui garda son nom[2].

Plus tard, la seule chose que dut tenter Barry lui-même, Barry, l'illustre opérateur[3], ce fut de reprendre de son mieux la

[1] *Paris ridicule et burlesque*, 1859, in-12, p. 147, note.

[2] *V*. à ce sujet notre chapitre *l'Almanach des adresses de Paris sous Louis XIV* (*Paris démoli*, 2ᵉ édition, p. 56, 363). Nous avons aussi rappelé, dans une note de notre édition du *Roman bourgeois* (édition elzévirienne), p. 106, ce que Charas a dit de cette drogue dans sa *Pharmacopée*, et ce qu'a écrit Guy-Patin sur l'approbation condamnable et condamnée que douze docteurs de la Faculté accordèrent, en 1654, à l'Orviétan, pour son baume. Alors ce n'était plus Hiéronime de Ferranti, qui le vendait, mais son successeur. Celui-ci se faisait appeler aussi l'Orviétan; son vrai nom était Christophe Contugi. (*V*. nos *Variétés*, t. VII, p. 113-114.) En 1704, son fils Charles-Louis Contugi était docteur régent de la Faculté de médecine.

[3] C'est vers la rue Guénégaud, sur le quai, tout près de la boutique de Blegny l'apothicaire, qu'il avait son théâtre. Un empirique, dont ce beau nom de Barry, consacré par mainte année de succès

trace de Tabarin et de Mondor; tout ce qu'il put faire, ce fut de retrouver leur succès et leurs pratiques. En un mot, au dire des commères, le maître valait, pour la science, toute la Faculté, et le valet, pour la gaieté et le bien dire, tous les comédiens de l'hôtel de Bourgogne[1]. C'est à peine si M. de Riche-Source, qui, plus tard, ouvrit près de là, *Aux deux Croissants, isle du Palais, quai du Grand-Cours-de-l'Eau*[2], une boutique d'éloquence, devait le surpasser en beau langage. Molière, nouvellement arrivé à Paris avec sa troupe, ne put en 1658, faire avantageusement concurrence à un géant qu'on montrait au bout du Pont-Neuf, à l'enseigne du *Croissant,* si bien choisie pour un homme

et de parade, devint aussi l'enseigne, y brillait vers 1702, époque où Dancourt fit, sur lui et son style, sa comédie en un acte, *l'Opérateur Barry.* (A la suite d'un très-rare petit volume, *la Foire de Guibray,* etc., 1704, in-12, p. 140, *V. l'Histoire de Barry, de Filandre et d'Alison.*)

[1] Dans cette *Histoire de Barry*, p. 168, on voit que, du temps de Mondor, les comédiens et les opérateurs se croyoient égaux, « vivoient amis, et se voyoient très-familièrement, comme gens qui avoient une grande relation. »

[2] Loret, *Muse historique,* 6 juin 1666, et 28 juin 1668.

d'une si belle croissance. Loret dans sa gazette ¹ parlait du *géant,* disait merveille d'une baleine qu'on voyait à Chaillot, mais ne soufflait mot de Molière. Tabarin, plus heureux de son temps, éclipsait toutes ces curiosités, et certains dromadaires qu'on fit voir alors sur le Pont-Neuf ² n'eurent de public que celui qu'il leur renvoya.

A force de pérorer et de bien *farcer;* à force de recevoir de belles pièces dans un gant que leur jetait badaud ou badaude, et qu'ils renvoyaient avec une fiole ou une boîte de leur marchandise³, Mondor et Tabarin firent fortune ; mais Tabarin le premier, à ce qu'il paraît. En 1631, en effet, nous trouvons encore le maître à la place Dauphine ⁴, tandis que, dès l'année précédente, le valet

---

¹ 16 novembre 1658.

² *Variétés hist. et litt.*, t. II, p. 355.

³ *Œuvres de Tabarin*, t. Iᵉʳ, p. 381. « Il y avoit presse, lit-on aussi dans le *Parlement nouveau,* 1637 (ch. XXIV), à qui jetteroit le plus tost son argent noué dans le coin d'un mouchoir ou dans un gant sur l'eschafault, pour avoir une petite bouette d'onguent enveloppée dans un billet imprimé, contenant l'usage d'iceluy et la façon de s'en servir. »

⁴ V. le *Testament de feu Gautier Garguille,* Paris, 1734, in-12.

est remplacé dans ses farces par un autre, nommé Padel[1].

Qu'est devenu Tabarin ? Il a jeté aux orties le *tabarro* à l'italienne dont il se drapait si bien, et auquel il devait son nom[2]; il s'est pour jamais décoiffé du *fantastique* chapeau, que d'un tour de main il métamorphosait en vingt chapeaux différents[3]; il a légué son fameux masque au crocheteur de la Samaritaine[4]; et, désabusé de la gloire, il s'est retiré dans ses terres. Il s'est fait seigneur; il va de pair, pour le grand train et la morgue, avec les hobereaux de son voisinage, même il les surpasse en luxe et en richesse. Ceux-ci en crèvent de jalousie et n'attendent qu'une occasion pour se débarrasser de ce farceur qui ose se faire leur égal. Ils l'attirent dans

---

[1] Il est nommé dans l'avertissement mis en tête de l'*Amphytrite*, de M. de Moléon (Paris, Vᵉ M. Guillemot, 1630, in-8°); et dans les *Règles, statuts et ordonnances de la cabale des filoux réformez*, in-8°. (*V.* nos *Variétés historiques et littéraires*, t. III, p. 151.) Dans la pièce satirique de Boulanger de Chalussay contre Molière, *Élomire hypocondre ou les Médecins vengez*, 1670 (act. I, sc. III), Padel est aussi nommé.
[2] Daniel Martin, le *Parlement nouveau*, ch. XXIV.
[3] *Ibid.* — *Œuvres de Tabarin*, t. II, p. 337-338.
[4] *Ibid.*, t. Iᵉʳ, p. 198.

une partie de chasse, où ils soulèvent, pour le plus frivole prétexte, une violente dispute. Tabarin, toujours ardent à la riposte, s'y jette tête baissée; on en vient aux mains, et il est tué[1].

Ce n'est pas la seule grande fortune qui se soit faite sur le Pont-Neuf, mais c'est la seule qui ait mené son homme à une fin si tragique. Lyonnais, qui avait commencé par être simple tondeur de chiens sur les *banquettes* du pont, et qui avait fini par devenir médecin en titre des meutes de Sa Majesté, ne s'était pas moins enrichi que Tabarin; mais, retiré des affaires, il s'y prit plus modestement que lui. « Il acheta, dit Gouriet[2], un château dans un village de Bourgogne, sur la grand'route. Ses paysans, voulant recevoir avec pompe leur nouveau maître, se mirent sous les armes, et vinrent ainsi au-devant de la diligence. La voiture s'étant

---

[1] Cette mort se trouve racontée dans le petit livre déjà cité de D. Martin, le *Parlement nouveau*, français-allemand (Strasbourg, 1637), ch. XXIV; et par Dupuis-Demporte, dans son *Histoire générale du Pont-Neuf*, 1750, in-8°, p. 308.

[2] *Personnages célèbres dans les rues de Paris*, t. Ier, p. 308.

arrêtée, ils demandaient aux voyageurs quel était celui d'entre eux qu'ils devaient saluer comme leur seigneur. Aucun ne faisait de réponse...—Me voici, me voici, mes enfants, cria Lyonnais, qui s'était juché sur l'impériale. Et il descendit, tenant son chien sous son bras. »

Un homme qui, de 1711 à 1733, jouit sur le Pont-Neuf d'une renommée bien plus retentissante, le grand, ou si vous aimez mieux, le gros Thomas, l'arracheur de dents, « ce brillant pendant d'oreille du Cheval de Bronze, » comme l'appelle l'abbé de Grécourt[1], avait fait aussi une jolie fortune, et il en usa mieux encore que Lyonnais.

Les devanciers dans l'art de *cueillir* les dents malades ne lui avaient pas manqué sur le Pont-Neuf. En outre de Carmeline, que nous connaissons déjà, il y avait eu l'illustre Cormier, opérant et consultant « au bout du Pont-Neuf, qui regarde la rue Dauphine, di-

---

[1] *Histoire véritable et divertissante de la naissance de Mie-Margot*, 1735, in-4°. Pièce très-curieuse, que nous avons trouvée dans le 38ᵉ volume de Jamet, et que nous avons reproduite, avec notes, dans le t. III, p. 121-130, de nos *Variétés hist. et litt.* Nous aurons à en reparler plus loin.

vertissant les laquais et les badauds par ses huées, ses tours de passe-passe et ses grimaces[1]. » C'est avec lui que le malheureux poëte Sibus, à jeun depuis une semaine, « fit marché pour dix sols de se faire arracher deux dents et de protester tout haut aux assistants qu'il n'avoit senty aucun mal[2]. » C'est lui encore, qui, courant la province avec une troupe de comédiens, comme c'était l'usage des opérateurs[3], fit rencontre de Molière et des siens au château de La Grange, et faillit lui être préféré pour donner la comédie à M. le prince de Conti[4]. Un autre, du même métier et de la même faconde, le seigneur Rondin, lui avait fait une rude concurrence. Il pérorait à deux pas de Cormier; et, si l'on s'en rapporte au *Trésor des secrets inestimables*[5], qu'il composa tout exprès pour se bien faire valoir, il excellait mieux que quiconque dans tout ce qui concernait son état : « Ledit sieur Rondin, y est-il dit, a plu-

---

[1] *Histoire du poëte Sibus*, dans nos *Variétés hist. et litt.*, t. VII, p. 103.

[2] *Ibid.*

[3] *Ibid.*, p. 104, note.

[4] *Mémoires* de Daniel de Cosnac, t. Ier, p. 127-128.

[5] Paris, 1632, petit in-8°.

sieurs excellents remèdes, comme baume, onguent pour les brûlures, pommades...; met hors les dents avec une facilité incroyable, en met d'artificielles, etc. Il est logé au bout du Pont-Neuf, proche l'hostel de Nevers, à l'enseigne de *la Grosse dent couronnée*. »

Il eut beau faire, le gros Thomas fut plus célèbre que lui, et plus célèbre même que Cormier et que Carmeline.

C'était un brave homme d'empirique, un vrai philanthrope, il aurait arraché les dents sans douleur s'il avait pu; mais, la chose étant, à ce qu'il paraît, impossible, il s'en dédommageait par des merveilles de vigueur et d'adresse, chaque fois qu'on s'en fiait à lui du soulagement de ses douleurs. « Le gros Thomas, dit Gouriet, opérait sans effort, lorsque la dent tenait peu; mais, lorsqu'elle se montrait opiniâtre, il faisait, dit-on, agenouiller son homme, et, jusqu'à trois fois, le soulevait de terre avec la vigueur d'un taureau. Voilà pour la mâchoire inférieure. On ne dit pas comment il s'y prenait, en pareil cas, pour la mâchoire supérieure : peut-être employait-il un cabestan. »

A certains jours il se rendait à l'Hôtel-Dieu, où, disait-on, il avait été autrefois garçon chirurgien; et là, avec une dextérité merveilleuse, il faisait rafle de molaires et de canines malsaines, le tout gratis et par charité[1]. D'autres fois, il faisait fête aux mâchoires bien portantes. De longues tables abondamment servies étaient dressées par ses ordres sur les trottoirs du Pont-Neuf, et tous ses amis, c'est-à-dire tous les pauvres et tous les badauds de Paris, avaient droit d'y prendre place.

On trouve décrits, dans le *Journal* de l'avocat Barbier[2], sous la date de septembre 1729, les préparatifs de l'une de ces bombances gratuites, qui, ayant par malheur, été regardée de travers par la police, fut défendue et desservie au beau moment. Les convives en furent pour leur appétit trompé, le gros Thomas pour ses frais. C'était de l'ingratitude de la part du pouvoir; le gros Thomas, en cette circonstance, eût plutôt mérité d'être récompensé[3]. Sa belle ripaille, en effet, n'a-

---

[1] V. un *Extrait des Nouvelles à la main*, dans le *Bulletin du Bibliophile*, mars 1837, et les *Lettres de madame du Deffant*, t. II, p. 279.

[2] 1re édit., t. Ier, p. 297, et t. II, p. 194.

[3] Il avait en outre annoncé, par un discours éloquent, que, pendant quinze jours, il arracherait les dents gratis et donnerait ses remèdes de même.

vait d'autre but que de célébrer la naissance de ce Dauphin, fils de Louis XV, que Panard alors chantait à sa manière dans *l'Impromptu du Pont-Neuf,* et dont, à cette même place, trente-cinq ans plus tard, la dernière maladie devait inspirer au peuple des témoignages si vifs de sympathie. En décembre 1765, lorsqu'on sut que le Dauphin était malade, on vint en foule brûler des cierges au pied de la statue de Henri IV, cette idole populaire, ce modèle des rois dont on avait espéré qu'il rappellerait les vertus [1].

Reparlons à présent du gros Thomas, de son aventure de 1729, et du burlesque conflit qui en fut la suite. Piron en a fait un fort amusant récit.

Il aimait le Pont-Neuf comme l'avait aimé La Fontaine. Le Bonhomme y venait chercher des sujets de contes ou de fables, et il y trouva, en effet, dans une tabarinade écoutée en plein vent, le texte du *Gland et la Citrouille*[2]. Piron, lui, venait en flâneur, ami du populaire, y saisir au vol quelque bon vieux mot de ce *gof* parisien qu'il aimait

---

[1] *V.* une lettre de Voltaire dans la *Correspondance inédite,* publiée par M. de Cayrol, t. II, p. 3.

[2] *Œuvres de Tabarin*, t. II, p 177.

tant, et qui s'y parlait aussi pur qu'en la place Maubert.

La Fontaine, un jour de l'année 1658, avait traversé le Pont-Neuf pour aller tout près voir les archers battre en brèche le couvent des Augustins révoltés [1], et il en avait rapporté le sujet d'une belliqueuse ballade. Piron, le jour dont nous parlons, vit une bataille aussi, qu'il aurait de même pu mettre en chanson. Il se contenta d'en consigner dans une lettre la piquante relation dont je vous parlais, et que voici [2] :

« Le grand Thomas, écrit-il à l'abbé Legendre, le grand Thomas,

Si bien connu de vous et de toute la terre,

a voulu se mettre des magnificences qu'on a faites en réjouissance du Dauphin. Il fit distribuer des billets à la main avant-hier, par lesquels il donnoit avis au public qu'il arracheroit quinze jours durant les dents *gra-*

---

[1] Math. Marais, *Histoire de la vie et des ouvrages de La Fontaine*, 1811, in-12, p. 13. — Au sujet de ce démêlé des Augustins et des archers, *V*. le *Commentaire* de Brossette sur Boileau, *le Lutrin*, ch. Ier, v. 48.

[2] *V.* dans le T. IV des *Mélanges de la Société des Bibliophiles,* la 40e des *Lettres* de Piron qui s'y trouvent publiées pour la première fois.

tis, et qu'il tiendroit un jour entier table ouverte sur le Pont-Neuf. Il avoit marqué sa salle à manger dans le préau grillé où est la statue de Henri IV. Il avoit fait, entre autres provisions, celle de six cents cervelas. Plusieurs honnêtes gens avoient retenu des fenêtres pour voir servir un si noble repas. Mais, l'homme propose et Dieu dispose. M. le lieutenant de police, on ne sait pourquoi (on dit que c'est parce que les billets d'avis étoient imprimés sans sa permission), a envoyé saisir le repas hier, jour de l'invitation, avec défense au grand Thomas de se montrer de la journée sur le Pont-Neuf. Cependant arrivèrent les conviés, n'ayant pour robe nuptiale que leur chemise sale, des bonnets gras, des tabliers de cuir et des sabots. Ces messieurs, n'ayant trouvé sur le Pont-Neuf ni pot au feu ni écuelles lavées, se rabattirent au quai Conti, où demeure l'amphitryon. Ils frappèrent insolemment et dirent que le public étoit sacré, et qu'on ne se moquoit pas ainsi de lui. Le grand Thomas, se présentant à une fenêtre, comme à une tribune, crut pacifier ces affamés par l'aspect de son auguste visage, et cette éloquence publique, dont il a depuis si longtemps l'usage.

Ventre à jeun n'a pas d'oreilles. Les convives se mutinèrent à tel point que le grand Thomas fut contraint dans cette extrémité de tirer dehors le seul plat que lui avoit laissé l'inspecteur de police ; il sortit avec un gourdin dont il régala les plus pressés. Je vis servir ces entrées-là, j'eus même le plaisir d'offrir un cure-dent à un crocheteur qui se plaignoit des épaules. Amphitryon passa sa journée à voir casser ses vitres et à faire des sorties de temps en temps au grand plaisir de ceux qui étoient loin des miettes de la table. Gréber et moi, présents à ce festin, en avons tant ri que les reins nous en ont fait presque aussi mal qu'aux convives. »

Une fois, le grand Thomas alla voir le roi et la reine à Versailles ; était-ce pour se plaindre des taquineries de la police ? était-ce plutôt pour aller recevoir les félicitations de Leurs Majestés au sujet de toutes les marques de zèle qu'il déployait en leur honneur, comme un digne voisin du Roi de Bronze, leur ancêtre ? Je ne sais. Le but de la visite nous est échappé ; mais la pompe qu'y étala l'illustre empirique, la magnificence singulière de son équipage nous sont parfaitement connues, grâce à une estampe de cette époque, et

au texte qui l'accompagne et qui l'explique :
« Le superbe cheval, y est-il dit, qui avoit l'honneur de porter l'incomparable Thomas, étoit orné d'une prodigieuse quantité de dents enfilées les unes après les autres. Un valet avoit soin de le traîner par la bride, de peur que la joie et les acclamations du peuple ne le fissent sortir du sérieux qui convient à une pareille cérémonie. Les ajustements du gros Thomas étoient nouveaux et extraordinaires. Son bonnet, d'argent massif, avoit à son sommet un globe surmonté d'un coq chantant [1]. Le bas de ce couvre-chef étoit terminé par un retroucy au milieu duquel on voyoit les armes de France et de Navarre, et, sur le côté gauche, un soleil et ces mots : *Nec pluribus impar*. Son habit écarlate, fait à la turque, étoit orné de dents, de mâchoires et de pierreries du Temple ; de plus, il avoit un plastron d'argent qui représentoit un soleil,

---

[1] Ce n'est pas certainement de ce bonnet magnifique que les gens du peuple eussent dit, comme dans la *Harangue des habitants de la paroisse de Sarcelles* (1748) :

> Oui, j'en fons autant de cas
> Que du bonnet du gros Thomas.

mais si lumineux, que l'on ne pouvoit le regarder que de côté. Son sabre étoit long de six pieds. Sa suite étoit composée d'un tambour, d'un trompette et d'un porte-drapeau qui marchoient devant lui; à ses côtés, il avoit un tisanier[1] et un pâtissier[2]. »

Lorsque le gros Thomas crut avoir assez fait pour sa gloire et pour l'humanité souffrante, il se retira. Il était riche, mais non pas autant que ses bénéfices quotidiens l'eussent pu faire croire ; ce grand homme avait toujours eu la manie d'être plus philanthrope qu'économe. « Il s'est borné, dit Dupuis Demporte, à 12,000 livres de rente pour lui et son gros chien. » Loin du Pont-Neuf, sa vie fut triste

[1] Dans la *Descente de Mezzetin aux enfers* (1689), Pierrot est représenté en vendeur de tisane, la fontaine de cuivre sur le dos, son gobelet à la main, et criant : *A la fraîche ! A la fraîche !* (*Théâtre* de Ghérardi, t. II, p. 283-285.) — En 1739, on chantait au Pont-Neuf une chanson dont le premier vers, à l'adresse des tisaniers, était : « *Et vite, vite, apportez du coco.* » (*Journal* de Barbier, 1re édit., t. II, p. 56.)

[2] Au chapitre L° de son *Tableau de Paris*, Mercier a donné une autre description du gros Thomas, de son costume et du *char d'acier* sur lequel il trônait près du Cheval de Bronze. On peut voir aussi l'un et l'autre sur une gravure reproduite dans le *Magasin pittoresque* de 1841, p. 352.

et ne se prolongea pas longtemps ; mais il fut jusqu'au bout digne de lui-même, intrépidement fidèle à ses convictions. « Il est mort, dit Mercier, sans avoir reconnu la Faculté. »

En guise d'oraison funèbre, on fit sur lui une chanson de onze couplets qui se chantait sur l'air : *Un jour, le malheureux Lysandre,* et qui avait pour titre : *Apothéose du docteur gros Thomas* [1]. Gouriet regrettait de n'avoir pu la retrouver. Plus heureux, nous allons pouvoir vous en donner ici quelques passages :

>Environ mil sept cent dix-neuf,
>Peut-être dès mil sept cent onze,
>Il s'établit sur le Pont-Neuf,
>Vis-à-vis du Cheval de Bronze ;
>Il y figuroit avec lui
>En opérateur d'aujourd'hui.
>Vêtu l'hiver comme en automne,
>Et l'automne comme en été ;
>Au spectateur qui l'environne
>Il annonçoit sa qualité

>Sur un char ceint de garde-fous,
>Construit d'une forme nouvelle,
>Et y débitoit pour cinq sous
>La médecine universelle ;
>Le foie et les reins entrepris
>Par son remède étoient guéris,
>Et, par une secrète cause

---

[1] *Le Chansonnier françois* (XIIe recueil), p. 117-122.

> Qu'il connoissoit, dans tous les maux
> Il ordonnoit la même dose
> Pour les hommes et les chevaux.
>
> Sa main surpassoit son conseil,
> J'en atteste l'expérience,
> Et le titre de sans-pareil
> Lui fut acquis par sa science.
> Dentistes qui suivez ses pas,
> Bientôt vous n'en douterez pas ;
> Lisez sa mémorable histoire :
> Elle annonce pour évident
> Qu'il arrachoit une mâchoire
> Plus vite que vous une dent.

Le gros Thomas, dans son beau temps, n'avait pas été indifférent aux galanteries faciles dont le séjour du Pont-Neuf offrait tant d'occasions. Il s'était, en toute circonstance, montré bon diable et même patron de bonne humeur pour les *infantes du Roi de cuivre*, comme on appelait les filles du Pont-Neuf[1] ;

> . . . . . . Pour la nymphe et le *gonze*
> De la cour de Miracle et du Cheval de Bronze,

comme disait La Fontaine[2]. Mal de dent et mal d'amour sont presque même chose, dit

---

[1] *L'Adieu des filles de joie à la ville de Paris*, 17 juillet 1687, in-4°.

[2] Ces deux vers se trouvent dans sa comédie de *Ragotin*, act. IV, sc. III.

le proverbe, et maitre Thomas ne le démentait point. Il était compatissant pour l'un comme pour l'autre et tout à fait au service de ceux qui en souffraient. Sitôt qu'une demoiselle d'accorte allure s'était fait quelque renom dans ces parages, ayez pour assuré que ce gros homme en savait déjà plus qu'aucun sur son compte. Ils avaient été bientôt cousin et cousine. Je n'en veux pour exemple que la manière toute pleine d'effusion dont se fit sa reconnaissance avec la célèbre Mie-Margot et leur entrée en parenté : « Un jour qu'elle passoit sur le Pont-Neuf, où une douleur de dents la conduisoit pour se faire voir au gros Thomas, après quelques civilités matérielles que lui fit ce massif Esculape, on fut tout surpris de voir qu'il embrassa délicatement Mie-Margot, et qu'il l'appela sa chère cousine. La reconnoissance se fit avec de vifs transports de part et d'autre, et la vanité de ma Mie-Margot ne fut pas peu flattée de se voir parente de si près d'un homme qui faisoit une si grosse figure sur le Pont-Neuf[1]. » Je gagerais qu'une autre très-fameuse de ce temps-

---

[1] V. la pièce citée plus haut : *Histoire véritable et divertissante de la naissance de Mie-Margot*.

là, ma tante Urlurette, dont Mie-Margot s'improvisa la nièce après une débauche au Gros-Caillou, se sera trouvée de même un beau jour la cousine de gros Thomas, et que de bons offices réciproques s'ensuivirent comme il convient toujours entre parents qui savent être amis.

Notre maître arracheur de dents connaissait sur le bout du doigt toutes les industries, tous les métiers jolis du Pont-Neuf. Or, celui dont il se faisait le desservant au profit de Mie-Margot était du nombre depuis longtemps. Berthaud ne l'avait pas oublié dans la liste qu'il en a dressée dans sa *Ville de Paris en vers burlesques* [1] :

> Pont-Neuf, ordinaire théâtre
> Des vendeurs d'onguent et d'emplâtre,
> Séjour des arracheurs de dents,
> Des fripiers, libraires, pédants,
> Des chanteurs de chansons nouvelles,
> *D'entremetteurs de demoiselles* [2],
> De coupe-bourses, d'argotiers,
> De maîtres de sales métiers,
> D'opérateurs et de chimiques,
> Et de médecins spagiriques,
> De fins joueurs de gobelets,
> De ceux qui rendent des poulets....

[1] Ancienne édit., p. 8.
[2] *Variétés histor. et litt.*, t. III p. 79.

Lorsque la police se mettait à faire la chasse aux filles perdues, c'est sur le Pont-Neuf que les battues étaient les plus heureuses et les rafles les plus salutaires, car nulle part les pestes de la prostitution ne faisaient courir de plus grands dangers à la santé publique [1]. C'est le Pont-Neuf aussi, qu'en partant pour les îles, toutes les Madeleines désolées, mais peu repentantes, regrettaient le plus amèrement.

Adieu, leur fait-on dire dans une chanson composée au sujet d'un de ces départs forcés [2] :

> Adieu Pont-Neuf, Samaritaine,
> Butte Saint-Roch, Petits-Carreaux,
> Où nous passions des jours si beaux :
> Nous allons en passer aux isles,
> Puisqu'on ne nous veut plus aux villes,
> Il nous faut aller au désert.

Le Pont-Neuf était leur patrimoine, leur seigneurie. Un jour, M. du Harlay, le premier président, y rencontra la Fillon. Il la salua d'un air honnête et de connaissance. Quelqu'un qui était avec lui s'en étonna. « Elle

---

[1] Tabarin, *Œuvres*, t. II, p. 55.
[2] *Amours des dames illustres de notre siècle*; Cologne, 1681, in-12, p. 371-380.

est ici sur ses terres, dit le président ; or, à tout seigneur tout honneur. »

Enfin l'on sait le vieux proverbe qui, d'abord appliqué au Pont-au-Change [1], puis transmis ensuite au Pont-Neuf, disait que chaque passant devait y rencontrer : 1º une de ces demoiselles; 2º un moine; 3º un cheval blanc. Deux dames de très-moyenne vertu le traversaient un jour. Le moine passe, puis le cheval blanc.

« —Ma foi ! dit l'une, le proverbe n'est pas menteur.

« —Si fait, dit l'autre ; et la troisième rencontre ?

« —Oh ! pour celle-là, vous et moi savons bien à quoi nous en tenir. »

---

[1] *Description de la ville de Paris au XVe siècle*, par Guillebert de Metz, publiée par M. Leroux de Lincy. Paris, Aubry, 1855, p. 55.

X

Le Pont-Neuf, c'est Paris.—Regrets des absents, nostalgie pour la Samaritaine.— Cafés voisins du Pont-Neuf : celui du *Parnasse*, le *Café Conti*. — Granchez et sa boutique du *Petit-Dunkerque*. — Leur histoire. — Une future impératrice chez Granchez. — La boutique du *Vase d'Or*. — Les marchands d'armes.— Un recéleur de Cartouche.—Les marchands d'almanachs. — Les marchands d'encre. — Origine de *la Petite Vertu*.—Pourquoi elle s'appelle ainsi.—La boutique d'Odieuvre, le *Marchand d'Estampes*.—Les illustres brocanteurs.— Raclot. — Malafer. — Ses habitudes au café de la Laurent.— Vers sur lui.—Fagnani et ses trafics. — Ce qu'il fait des gravures de Callot.—Sa loterie.—Pourquoi Dancourt le met en scène sous le nom de Sbrigani. — Les orfévres.— Leur nombre en 1700. — Les *Prospectus* au Pont-Neuf. — Les marchands de chiens.—Les marchands de parapluies.—Parasols en location. — Les marchands de melons.—Les bouquetières espagnoles au Pont-Neuf. — Madame Billette, la Cardeau, Babet, la grande Jeanneton. — Les députations de bouquetières à Versailles.—Louis XVI au Pont-Neuf. — Harangue des orangères. — Leur commerce. — Ce qu'en dit Mercier. —Les étrennes de Jean-Georges Wille. — Où il loge. — Ses promenades. — L'exposition de la place Dauphine. — Reposoirs des orfévres. — Un tableau en vingt-quatre heures. — Les jeunes peintres. — Le début de Chardin, le peintre.—

Le point de départ de Chardin le Voyageur.— La *Mythologie* et la Fête-Dieu. — Les jolies femmes peintres et leurs tableaux.— Exposition du peintre, du portrait et du modèle. — Madame Guyard et madame Du Barry. — Nivarre et Lantara.

Il ne faudrait pas croire, d'après ce que nous avons dit tout à l'heure sur les commensales de la Samaritaine, que les demoiselles honnêtes pussent toujours se croire déplacées sur le Pont-Neuf ou dans ses environs, et qu'elles eussent à rougir de s'y montrer ; non certes, tout s'y arrangeait pour elles, peu qu'elles prissent un air de pudeur qui les garantît de toute indécente confusion ; et surtout si elles ne regardaient pas trop ce qu'il ne leur était pas permis de voir.

Elles auraient vraiment trop perdu à ne pouvoir hanter le Pont-Neuf. Autant eût valu ne pas être à Paris, car tout Paris, encore une fois, était là.

Un jour Costar rencontre M. du Vaillant, qu'il croyait parti pour Angers avec M. de Lavardin, et s'étonnant de le voir encore à Paris, il lui demande ce qui peut y attacher un homme de sa condition et de son caractère :

«—Hé! lui dit l'autre, comptez-vous pour rien la Samaritaine et le Pont-Neuf[1]?»

Il n'était pas de Parisien, pas de Parisienne, qui, alors, n'en eût dit autant, et qui, à la seule idée de quitter Paris, ne se serait senti pris tout à coup de la nostalgie du Pont-Neuf et de la Samaritaine.

Aujourd'hui, pour peu que vous soyez du monde des lettres, des arts, des théâtres ou de la finance, si vous désirez voir passer quelques-uns de ceux qui appartiennent à ces catégories volontiers flâneuses, vous allez vous poster à certaines heures du jour dans quelque café du boulevard des Italiens ou du boulevard Montmartre. Vous êtes sûr qu'à heure dite, le défilé commence. Au XVIIe et au XVIIIe siècles, c'est un des cafés placés à l'une des descentes du Pont-Neuf, qu'il fallait prendre pour observatoire : soit, sur le quai de l'École, le café tout littéraire de Poincelet, à l'enseigne du *Parnasse*[2] où, vers 1760, Manoury

---

[1] *Vie de Costar,* à la suite des *Historiettes* de Tallemant, édit. P. Paris, t. IX, p. 64.

[2] Limozon de Saint-Didier, *le Voyage au Parnasse,* 1716, in-12, p. 102-103.—C'était un de ces cafés littéraires que Huet appelle « les cabarets du Pont-Neuf, » où il s'indigne de voir que des gens « dont

remplaça la vogue de la poésie par celle du jeu de dominos; soit, à l'autre bout, sur le quai Conti, le *Café du Pont Neuf*, où les gens de lettres venaient aussi [1]; mais qui était surtout hanté par des étrangers désireux « d'admirer, dit Prud'homme [2], le mouvement perpétuel d'une multitude, qui traverse le Pont-Neuf... Avant la révolution, dit-il encore [3], lorsqu'un étranger ignorait la demeure d'une personne de sa connaissance, il allait deux ou trois fois de suite au *Café Conti*, qui est en face du Pont-Neuf. Il était sûr, en observant, de voir passer celui qu'il cherchait. »

Près de ce café, entre la rue Dauphine et celle de Nevers, à la place occupée aujourd'hui par un marchand de vins qui a gardé la même enseigne, se trouvait *le Petit Dunkerque*, célèbre boutique de *clincaillerie* (sic) anglaise, fondée à la fin de 1767 [4] par le bi-

l'hyppocrène est le caffé, » s'arrogent le droit de bien connaître seuls le mérite du siècle, « et de lui donner son juste prix. » (*Huetiana*, Paris, 1722, in-8°, p. 3)

[1] Barrière, *la Cour et la Ville*, p. 85.
[2] Prud'homme, *Miroir historique de Paris*, t. III, p. 298-299.
[3] *Ibid.*, p. 283.
[4] *L'Avant-Coureur*, 1768, p. 9.

joutier Granchez. Il était venu de Dunkerque même, où dans sa boutique de la rue du *Commandant*, à la *Porte Orientale*, il recevait de première main les arrivages d'Angleterre. Comme il ne vendait que brimborions et frivolités, il était venu à Paris pour être sur son vrai terrain ; mais par souvenir pour la ville qui avait vu le commencement de sa fortune, et où d'ailleurs il gardait son ancien *magasin*, comme le disent ses annonces [1], il avait pris l'enseigne du *Petit Dunkerque*, dont la renommée fut bientôt faite. Elle dure même encore. La marchandise, en effet, a survécu, du moins pour le nom, au marchand et à sa boutique. On appelle encore *Petit Dunkerque*, certaine spécialité de fine quincaillerie et de bijouterie de choix.

Il n'était personne du monde élégant qui n'allât chez Granchez, pour s'assortir des nouveautés élégantes. Une des premières visites de toute riche étrangère fraîchement débarquée à Paris, était pour *le Petit Dunkerque*. « Le 28 mai (1781), dit la baronne d'O-berkirch [2], madame de Benckendorf vint me

---

[1] *L'Avant-Coureur*, 1768, p. 9.
[2] *Mémoires*, t. Ier, p. 230.

prendre de bonne heure, et nous courûmes toute la matinée les marchands. Nous restâmes plusieurs heures au *Petit Dunkerque.* C'étoit, ajoute-t-elle, l'enseigne d'un bijoutier demeurant à la descente du Pont-Neuf. Rien n'est joli et brillant comme cette boutique remplie de bijoux et de colifichets en or, dont on paye la façon dix fois ce que vaut la matière. On vendoit à prix fixe, et, bien que les modèles soient élégants et variés, bien que le travail en soit exquis, le fabricant vendoit au bon marché, disoit-il; aussi il y avoit tant d'acheteurs, que souvent on y plaçoit une garde.

« Nous choisîmes le joujou à la mode : une sorte de petit moulin pour mettre à la montre. Madame la comtesse du Nord (femme du futur empereur de Russie, Paul Ier) en emporta beaucoup en Russie. »

Tout ce qui était chose de luxe ou de *confort* élégant se trouvait chez Granchez. Si Magimel le bijoutier, son voisin de la rue Dauphine, au *Vase d'Or*, se permettait de vendre des étoffes des Indes pour hommes et pour femmes [1]; il vendait, lui, en outre de sa bijouterie et de sa quincaillerie, des papiers

---

[1] *Annonces-affiches* de 1769, p. 46.

à ramages pour tapisseries, des cannes de jet, garnies ou non garnies; des pistolets anglais, dit *à l'écossaise,* à simple et à double détente, de la coutellerie anglaise, puis du taffetas pour les coupures, c'est-à-dire le remède à côté du danger ; puis encore des tablettes ou souvenirs de poche en peau d'âne ; et, chose alors bien nouvelle, des crayons de mine de plomb, couverts en bois de cèdre et de la première qualité [1].

En vendant ainsi tant d'objets de genres différents et presque disparates : de la bijouterie, des armes, de la papeterie, des almanachs, Granchez, du *Petit Dunkerque,* faisait concurrence à une foule de commerces depuis longtemps achalandés sur le Pont-Neuf et dans les environs : aux orfévres, toujours si nombreux par ici, surtout sur le quai baptisé de leur nom; aux armuriers, aux vendeurs d'arbalètes qui étaient déjà célèbres du temps de Tabarin [2], aux fourbisseurs d'armes, dont l'un des plus riches était, en 1721, le recéleur de Cartouche [3]; aux vendeurs d'al-

---

[1] *L'Avant-Coureur,* 1768, p. 99.

[2] *Œuvres,* édit. elzévirienne, t. II, p. 432.

[3] B. Maurice, *Cartouche,* p. 176.—Granval, *le Vice puni,* poëme, première édition, in-8º, p. 57.

manachs qui, depuis le fameux Le Normand, du temps de Louis XIII [1], avaient toujours été si bien assortis de prédictions ; enfin aux marchands d'encre qui, longtemps célèbres sur le pont Notre-Dame [2], avaient transporté leur commerce et leur renommée dans les boutiques mobiles des trottoirs, ou *banquettes* du Pont-Neuf [3].

Le plus fameux avait pour enseigne une lettre U majuscule peinte en vert, pour montrer qu'on trouvait chez lui des encres de couleur, et aussi pour faire un de ces rébus en calembour fort à la mode en ce temps-là, sur les enseignes [4]. Sa majuscule peinte en vert, voulait dire *à la Grande Vertu*, ce que tout le monde comprenait alors et ce que personne ne comprendrait plus aujourd'hui. Un concurrent trouva l'enseigne bonne, et pour la contrefaire à son profit, se donna celle de *la Vertu*, formée d'un U moins grand, mais aussi peint en vert. Puis vint Guyot, qui

[1] Tallemant, *Historiettes*, 1re édit., t. III, p. 281.
[2] *Les Caquets de l'Accouchée*, édition elzévirienne, p. 60.
[3] Tabarin, *Œuvres*, t. II, p. 52.
[4] Les V verts de l'édition la plus célèbre des *Mémoires de Sully* sont un souvenir du même rébus.

n'ayant pas à choisir, mit son encre sous l'enseigne de *la Petite Vertu*. Celle-ci daterait de 1609, du moins à ce que dit la réclame, mais elle seule le dit. En tout cas de toutes ces *vertus* encrières et papetières, elle est la seule qui survive. Du magasin de *la Vertu* que tenait Picard en 1720, et de celui de *la Grande Vertu* dont Gorgeret était le maître, vers le même temps, il ne reste pas trace.

Bien d'autres qui furent plus célèbres encore ne survivent pas davantage de ce côté. Où, sur le quai de l'École, rebâti mais défiguré, où donc retrouver la boutique d'Odieuvre, le marchand d'estampes, auquel s'adressa Wille en arrivant à Paris [1] ? Sur le quai de l'Horloge, où donc est la boutique de Varenne et de Malafer, son associé, et rue du Harlay, celle de Raclot, qui entre autres curiosités, vendait comme eux : « des porcelaines, des meubles de Chine, et des terres ciselées en détail [2] ? »

Malafer était pour le commerce ce que Boule était pour l'industrie. C'était moins un marchand qu'un amateur, et il devait lui en coûter de voir partir de sa boutique, même

---

[1] *Mémoires et Journal* de Wille, t. Ier, p. 68.

[2] Abraham de Pradel (Blegny), le *Livre commode des adresses* pour 1691.

à un bon prix, quelque meuble rare ou quelque curiosité que son regard avait pris l'habitude de caresser. S'il vendait cher, ce n'était point par esprit de commerce, mais pour montrer quel regret il avait de vendre. Il ne fréquentait que les gens d'esprit. Comme J.-B. Rousseau, Saurin, La Mothe, Grimarest,—qui recueillit là tout ce qu'il écrivit, anecdotes et contes sur la vie de Molière [1],—Malafer « s'étoit acoquiné aux hantises [2] du café de la veuve Laurent, dans la rue Dauphine [3] ; » et il prit part à la triste affaire des couplets de Jean-Baptiste Rousseau.

Avoir chez soi des meubles ou des curiosités venus de la boutique de ce marchand artiste comptait parmi les plus délicates magnificences. *Voulez-vous,* dit en son poëme de *l'Amitié* l'abbé de Villiers, morose ennemi de ces merveilles du goût :

> Voulez-vous voir chez vous vos salons inutiles,
> Montrer aux curieux mille ornements fragiles,
> En antiques tournés et le bronze et le fer,
> Et dans un cabinet mettre tout *Malafer*...

[1] Nemeitz, le *Séjour de Paris*, 1727, in-12, p. 112.

[2] C'est l'expression de J.-B. Rousseau lui-même dans une lettre qu'ont reproduite les auteurs des *Anecdotes dramat.*, t. Ier, p. 165.

[3] *V.* les pièces du procès de J.-B. Rousseau.

Un autre marchand des mêmes choses curieuses était célèbre alors dans les environs du Pont-Neuf, et un autre rimeur le vante. Ce rimeur, c'est Gacon, le *poëte sans fard*, et ce marchand, c'est le Napolitain Fagnani. Quand on connaît Gacon, on peut supposer qu'il fit sa réclame rimée pour qu'on l'en payât; quand on connaît Fagnani, on n'en doute plus. Nous allons vous le faire connaître; mais voyons d'abord la réclame. Elle est bien simple, car le genre alors était bien nouveau, il avait les ingénuités de l'enfance. Pour toute effronterie, il se contentait d'être. Gacon parle des *partisans* [1], et il dit, en s'extasiant sur le luxe de l'un des plus fameux :

> . . . . Le doreur et le peintre
> Viennent peindre et dorer les salons jusqu'au cintre.
> L'or et la soie en main, vingt brodeurs occupez,
> Font briller ses fauteuils, ses lits, ses canapez.
> *Dejans*, aux Gobelins, fait ses tapisseries;
> *Dotel* et *Fagnani* meublent ses galeries;
> Et déjà dans Paris le luxe de ses chars,
> Du peuple tout surpris attire les regards.

Fagnani, d'après *le Livre commode des adresses* pour 1691, avait sa boutique au bas du

---

[1] *Le Poëte sans fard*, satire IX.

Pont-Neuf, *à la descente de la Samaritaine,* c'est-à-dire à l'entrée du quai de l'École. Il était Italien, vous le savez, et par conséquent habile homme. Il avait le goût naturel à sa nation, et en même temps cette subtilité accommodante qui trouve des raisons de transiger avec tout sans scrupule, et d'unir utilement l'art avec le métier. Chez lui l'union fut des mieux assorties. Il fut artiste et marchand, avec succès et profit. Rien ne lui fit défaut qu'une seule chose que le critique fait toujours payer cher en France à celui qui ne sait pas s'en pourvoir : c'est l'honnêteté. Fagnani semble ne l'avoir eue sous aucune de ses formes. Il avait trouvé moyen d'acquérir, je ne sais ni comment ni de qui, un certain nombre des planches gravées par Callot[1], et pour leur donner plus de prix, il leur fit faire maintes petites altérations, que les amateurs ne trouvent pas innocentes[2]. Mais cela n'est rien auprès du reste. Un jour de l'année 1697, les affaires n'allant plus, à cause de la misère du temps, il s'aperçut que sa boutique était

---

[1] C. Brunet, *Manuel du Libraire,* nouv. édit., art. CALLOT, passim.
[2] *Idid.*

trop pleine, tandis que sa caisse ne l'était pas assez, et il chercha le moyen de débarrasser l'une au profit de l'autre. Le procédé dont il se servit était tout italien. Ce fut une de ces loteries, que Tonti, l'inventeur des *Tontines*, son compatriote, avait récemment mises à la mode. La sienne se fit à un écu par billet. « Pour engager le public à y mettre, lisons-nous dans les *Anecdotes dramatiques*[1], il annonça que chacun de ces billets porteroit un lot. Cette promesse captieuse eut tout l'effet que Fagnani s'en étoit promis, et la loterie fut remplie en fort peu de temps. Il tint parole, à la vérité ; mais les trois quarts et demi de ses lots étoient de pures bagatelles, et les gros tombèrent à des inconnus, ou, pour mieux dire, Fagnani les partagea avec eux. »

Dancourt fit là-dessus une comédie intitulée *la Loterie* qui eut un grand succès. Le rire ayant toujours été à Paris la meilleure vengeance, tout le monde vint rire de celui qui avait trompé tout le monde. Dancourt lui avait donné un nom qui en disait déjà beaucoup. Fagnani, dans sa pièce, s'appelle

[1] T. Ier, p. 496-497.

Sbrigani, comme le valet fourbissime de *Monsieur de Pourceaugnac*.

A la scène xx, Lisette, une fine mouche de soubrette, à qui rien n'a échappé, explique tout le secret de ce vol *à la tombola*, et c'est à la fille même de Sbrigani qu'elle l'explique : « Il y a, dit-elle, quatre-vingt mille bonnes livres de profit... outre ce qu'il gagne sur tous les petits lots, ce n'est pas lui qui donne les gros, à ses dépens au moins... Il n'est pas si bête, il a l'honneur et l'argent : mais ce sont les dupes qui en font la dépense... La belle toilette est destinée pour cette grosse trésorière, et c'est un juif de la place des Victoires qui la lui donne... Cette pendule de cinq cents écus, qu'aura ce jeune académiste, qui pensez-vous qui l'ait payée ?... la veuve d'un épicier de la rue des Lombards qui est amoureuse de lui à la folie... Ce ne sont point des contes. Il y a un service de vermeil, qu'un jeune je ne sais qui, conseiller de.... je ne sais où, nouvellement émancipé, a fait faire pour une espèce de comtesse de Quimper-Corentin, une croix de diamant de deux cents pistoles, qu'un petit notaire, bourgeois gentilhomme, a achetée pour une femme de qualité. Voilà un coffre de la Chine, qu'on doit remplir d'étoffes des Indes, et qui est destiné par un Partisan pour la femme d'un Rapporteur, qui a fait prendre un bon tour à une mauvaise affaire ; que sais-je moi ? c'est une nouvelle manière qu'on a imaginée de faire des présents, et de les recevoir avec bienséance, et monsieur Sbrigani a le profit et le mérite de l'invention. » Ce n'était pas mal avisé.

Si, comme c'est probable, Fagnani ne donnait en loterie que des objets de nature à être mis en vente chez lui, vous voyez qu'il ne pouvait y avoir de brocantage plus multiple que le sien. Nous vous avons dit qu'il vendait les gravures de Callot, plus ou moins retouchées, et vous avez compris qu'il faisait ainsi concurrence aux marchands du quartier Saint-Jacques ; maintenant vous le voyez qui complique cette concurrence d'une foule d'autres, car il n'est rien qu'il ne vende. Bijouterie, joaillerie, orfévrerie, tout lui est bon. Aussi je jurerais qu'il y eut dans les satires dirigées contre lui quelque chose du mécontentement des bijoutiers, joailliers et orfévres.

Ceux-ci durent être les plus acharnés, car ils étaient les plus voisins. En 1700 l'on n'en comptait pas moins de soixante et un dans les rues, places et quais avoisinant le Pont-Neuf. Ils avaient émigré du Pont-Notre-Dame, d'où, au XIIIe siècle, l'un des plus célèbres était allé émerveiller par des prodiges de son art, le grand Mogol lui-même [1] ; du Pont-au-Change, où si longtemps leurs *forges* avaient été les plus riches boutiques du monde [2]; et du Pont-Saint-Michel aussi, où se trouvaient peut-être les plus habiles [3].

A l'époque dont nous parlons, c'est-à-dire en 1700, il y avait trente-six boutiques d'orfévres sur le quai dont le nom est presque le seul souvenir de ce long séjour; rue du Harlay, on en comptait treize ; six sur le quai de l'Horloge; trois rue de Lamoignon; un dans la cour du Palais ; et douze sur la place Dauphine [4]. Leur étalage ne le cédait guère en éclat à celui de nos boutiques du Palais-Royal, qui n'ont fait du reste que leur succéder. Joignez-y la splendeur coquette des boutiques de bijouterie qui étincelaient sur la même

[1] L. Dussieux, *Artistes franç. à l'étranger*, p. XXII, 44.
[2] H. Fournel, *Mémoires sur les Orfévres*, p. 110.
[3] Monteil, *Histoire des Français des divers États*, 2e édit., t. III, p. 391.
[4] *Papiers de De Lamarre*, Manuscrit de la Bibliothèque impériale.

ligne, et l'éclat varié de ces magasins de haut brocantage dont ceux de Fagnani, Malafer et Granchez étaient les plus magnifiques, et vous aurez une idée de l'aspect brillant que présentaient les environs du Pont-Neuf. Ces *brocanteurs*, dont je n'ai plus à dire qu'un mot, étaient ce qu'on avait d'abord appelé, avec certain mépris, des *marchands mêlés :* « Ce sera, dit Étienne Pasquier, dans une de ses *lettres* [1], ce sera une denrée *meslée*, telle que de ces marchands quincailliers, lesquels assortissent leurs boutiques de toutes sortes de marchandises, pour en avoir le plus prompt débit. »

Le Pont-Neuf était lui-même, en d'immenses proportions, une de ces boutiques. La marchandise mêlée s'y trouvait plus qu'ailleurs, et était ainsi à l'avenant des habitués du lieu, et des mille variétés de passants qui s'y pressaient à toute heure. L'auteur d'une lettre, soi-disant italienne, publiée pour la première fois dans le *Saint-Evremoniana* [2], nous donne très-spirituellement une idée de la multitude des industries et des commerces qui four-

---

[1] Livre Ier, lettre I.
[2] 1700, in-8° p. 420.

millaient sur le Pont-Neuf et dont chacun avait son prospectus, plus ou moins illustré, dans le genre de celui que faisait distribuer l'Orviétan [1] : « On trouve sur le Pont-Neuf une infinité de gens qui donnent des billets. Les uns remettent les dents tombées ; les autres font des yeux de cristal. Il y en a qui guérissent des maux incurables : celui-ci prétend avoir découvert la vertu cachée de quelques simples, ou de quelque pierre en poudre pour blanchir et pour embellir le visage. Celui-là assure qu'il rajeunit les vieillards. Il s'en trouve qui chassent les rides du front et des yeux et qui font les jambes de bois pour réparer la violence des bombes. Enfin tout le monde a une application au travail, si forte et si continuelle, que le diable ne peut tenter personne que les fêtes et les dimanches. » Ce dernier trait est charmant.

L'auteur de la lettre ne dit pas tout. Suivant plutôt sa spirituelle fantaisie que la réalité, il oublie bien des métiers. Là, c'étaient ces marchands de chiens, qui du *Pont-*

---

[1] M. Bonnardot possède un de ses prospectus. V. une note à ce sujet dans *Paris ridicule et burlesque*, p. 147.

au-Change [1] étaient venus s'installer sur les trottoirs ou *banquettes* du Pont-Neuf; ici les décrotteurs *à la Royale,* dont nous vous parlerons plus loin, quand nous aurons à les voir s'ériger en *artistes* et déguerpir pour aller ouvrir boutique au Palais-Royal. C'étaient encore allant et venant tout le long des trottoirs, jusqu'à ce qu'ils eussent trouvé un chaland, c'est-à-dire une dupe, les petits marchands de bas et de parasols, dont l'auteur des *Numéros parisiens* [2] nous parle ainsi :
« Sur les trottoirs du Pont-Neuf, dit-il, on rencontre des personnes qui vous proposent une paire de bas de soie à bon compte. Le prix qu'y mettent ces marchands voltigeurs étonne les passants. On croit trouver une bonne occasion, et sans se donner la peine d'y regarder de près, on donne son petit écu, l'on empoche la paire de bas qui ne sera, quand l'acheteur la visitera chez lui, que deux moitiés de bas, cousues l'une contre l'autre.

« Les marchands de parasols voltigent aussi çà et là : Ils vendent pour neufs des pa-

---

[1] Monteil, *Hist. des Français des divers États,* 3ᵉ éd., t. III, p. 117.
[2] 1788, in-12, p. 29-30.

rasols dont le taffetas repassé dans les chaudières du teinturier, fut, pendant vingt ans, un rideau ou une tapisserie. Le moindre coup de vent déchire les parasols de ce genre. »

Quelques-uns de ces industriels se réunirent en compagnie, certain jour de septembre 1769, et rendant une fois justice à leurs parasols qui pouvaient être bons pour un louage de quelques minutes, sinon pour la vente, ils imaginèrent la belle invention dont il est ainsi parlé dans les *Mémoires secrets* [1] : « Une compagnie vient de former un établissement digne de la ville de Sybaris. Elle a obtenu un privilége exclusif pour avoir des parasols et en fournir à ceux qui craindroient d'être incommodés du soleil, pendant la traversée du Pont-Neuf. Il y aura des bureaux à chaque extrémité de ce pont, où les voluptueux petits-maîtres, qui ne voudront pas gâter leur teint, se pourvoiront de cette utile machine; ils la rendront au bureau de l'autre côté, et ainsi alternativement moyennant deux liards par personne. Ce projet a commencé de s'exécuter lundi dernier. On annonce que si cette invention réussit, on est

[1] T. IV, p. 356.

autorisé à former de pareils bureaux dans les autres endroits de Paris où les crânes pourroient s'affecter, tels que le Pont-Royal, la place Louis XV, etc. Il y a apparence que ces profonds spéculateurs obtiendront aussi le privilége exclusif des parapluies. »

Si jamais l'invention doit revivre, les parapluies seront certainement mis en première ligne. Les parasols ne viendront qu'après, et, pour peu que le soleil persiste à être ce qu'il fut l'été dernier, leur emploi ne sera qu'une longue sinécure.

Au temps dont nous parlons, il avait moins de fantaisies et moins d'absences. Aussi était-ce, chaque jour, sa fête sur le Pont-Neuf. L'étal des bouquetières lui envoyait le parfum des fleurs qu'il avait fait naître ; et les boutiques des marchands de melons et des orangères, la savoureuse odeur des fruits qu'il avait mûris. Les marchands de melons y venaient, la plupart de la Touraine, et surtout de la ville de Langeais, ce qui donna lieu à une assez amusante équivoque, lorsque le procès en impuissance, fait par sa femme au pauvre marquis de Langey, fut pour les rieurs de Paris une si belle occasion de plaisanterie. Ils allaient exprès sur le Pont-Neuf faire crier aux marchands de melons : « Voici les vrais Langeais, ils n'ont point de graines[1] ! »

Tout à l'entour du Cheval de Bronze, ce n'était qu'un étalage odorant de fruits et de fleurs.

Le matin les bouquetières y descendaient par bandes, avec leur éventaire bien garni. Elles venaient de la rue de la *Bouqueterie,* près de Saint-Julien-le-Pauvre, où se trouvait le siége de leur corporation. Si elles étaient de celles qui aux fleurs ordinaires, violettes ou roses, mêlaient des fleurs plus rares, elles arrivaient de la rue de l'Arbre-Sec, où elles avaient fait leur fourniture dans le jardin des Frères Provençaux, dont le nom est resté à l'impasse qu'ils habitaient, et chez lesquels seulement se trouvaient alors : les oignons des plus belles tulipes, les tubéreuses, les hyacinthes orientales, les narcisses de Constantinople, les asphodèles, martagons, pomplions et autres fleurs rares[2].

C'est au Pont-Neuf que commença la vogue

---

[1] Tallemant, *Historiettes*, édit. P. Paris, t. VII, p. 226, note.

[2] *Le Livre commode des Adresses,* pour 1691, p. 79.

de ces bouquetières d'Espagne, si célèbres à Paris sous Louis XIII [1]; c'est là que la fameuse Cardeau fit aussi sa fortune avec ses bouquets [2]; que madame Billette obtint les premiers grades, d'où peu à peu elle parvint au titre de *bouquetière du roi* [3]; que Babet devint si fameuse [4]; et que la grande Jeannieton, cumulant avec le commerce des fleurs le métier moins innocent de complice de Cartouche ne fit qu'un saut, certain jour, de sa boutique du Pont-Neuf, au gibet de la Grève [5]. L'odorant étalage n'avait pas assez des banquettes du pont. Il déborda jusque sur le quai de la Ferraille, où dès lors se tint chaque semaine, le mercredi et le samedi, un marché de fleurs et d'arbustes [6].

Lorsqu'il arrivait à Paris quelque auguste personnage, les bouquetières du Pont-Neuf étaient des premières à lui rendre visite, avec

---

[1] Scarron, le *Roman comique*, édit. V. Fournel, t. Ier, p. 241, note.

[2] Tallemant, édit. P. Paris, t. VII, p. 40.

[3] *Livre commode des Adresses*, pour 1691, p. 79.

[4] Hatin, *Hist. de la Presse*, t. Ier, p. 407-408.

[5] *Journal* de Barbier, 1re édit., t. II, p. 142.

[6] *V.* Thierry, *Almanach du voyageur à Paris*, 1783, in-12, p. 397, et plus haut p. 226 — On y fait encore aujourd'hui le commerce de graines.

leurs fleurs, et à parfumer ainsi sa bienvenue : « Pendant que j'étois à Versailles, écrit la baronne d'Oberkirch en 1781 [1], madame la comtesse du Nord reçut les bouquetières du Pont-Neuf, qui lui apportoient une corbeille des plus belles fleurs du monde. Elle leur fit de grandes générosités proportionnées à son plaisir impérial. Elle aimoit passionnément les fleurs, et si on l'eût laissée faire, cette corbeille auroit passé la nuit dans sa chambre. »

Le roi venait quelquefois au Pont-Neuf. Ainsi le jour de la Saint-Jean d'été, pour que la fête fût vraiment solennelle, c'est lui qui devait, en personne, mettre le feu au bûcher traditionnel, dressé alors près du Cheval de Bronze. A partir du moment où les rois se furent établis à Versailles, ils prirent rarement la peine d'acquitter cette dette populaire. Louis XV une fois ou deux se souvint pourtant de la fête des Brandons et fit exprès le voyage de Paris, mais ce fut tout. Louis XVI lui-même n'alluma jamais le bûcher du Pont-Neuf. A la Saint-Jean de 1785, il en eut le désir, mais une maladie de la reine le re-

---

[1] *Mémoires*, t. I*er*, p. 209.

tint à Versailles, et c'est le comte de Provence qui dut prendre sa place.

Le Pont-Neuf le connut pourtant. Au mois de février 1779, étant venu à Paris, Louis XVI et la reine se rendirent sur l'illustre pont. Ils firent visite à cette capitale de leur capitale. Ce fut, ce jour-là, grande fête et grand émoi. Marchands et marchandes se parèrent de leurs plus beaux atours et de leur plus belle éloquence. Les marchandes d'oranges, que leur riche commerce faisait les plus grosses dames du lieu, choisirent dans leurs étalages, rangés devant la statue d'Henri IV, les fruits les plus magnifiques; les entourèrent des plus belles fleurs de leurs voisines les bouquetières, et de tout cela composèrent une corbeille qu'elles présentèrent à LL. MM. quand elles vinrent à passer. Un discours que prononça la plus huppée et la mieux *éduquée* de la corporation accompagnait l'odorante et coquette offrande. Le voici :

« Sire,

« C'est un grand bonheur pour les marchandes d'oranges du Pont-Neuf de se rencontrer sous les pieds de Votre Majesté. C'est à l'ombre sacrée de la statue d'un illustre

Bourbon qu'elles trouvent leur subsistance. Les regards paternels de Votre Majesté leur donnent l'espoir qu'elles ne seront jamais privées de ces précieux avantages. Les vœux qu'elles offrent au ciel pour la conservation et la félicité de Vos Majestés sont des plus ardents que puissent sentir les cœurs françois[1]. »

Le commerce des oranges et des citrons était très-considérable au Pont-Neuf et d'un excellent produit, car ces fruits que les Parisiens ont toujours beaucoup aimés, étaient rares et fort chers aux derniers siècles. « Les oranges et les citrons, lisons-nous dans la lettre Italienne déjà citée plus haut [2], tiennent le premier rang entre les choses qui se vendent cher, parce qu'ils viennent d'Italie et de Portugal, et ils sont plus estimés que les autres fruits : telle est l'inclination de l'homme, qui ne trouve bon que ce qui coûte beaucoup. »

Mercier, dans le *Nouveau Paris* [3], a fait en son style, une sorte de dithyrambe à la gloire des oranges du Pont-Neuf, « et des riantes

---

[1] *Correspond. secrète*, t. VII, p. 274.
[2] P. 283.
[3] T. V, p. 2.

jouvencelles, » dont la gourmandise en était si friande. La page est savoureuse et mérite de jeter ici son suc et son parfum :

« Il est sur son amphithéâtre, au milieu du Pont-Neuf, le beau fruit jaune ! Les passants s'arrêtent avec complaisance devant ses nombreuses pyramides ; sa réjouissante odeur donne à toutes les bouches le mouvement du sourire et l'expression de la sensualité.

« En vain le vent du nord blesse de ses flèches aiguës les doigts de rose de la riante jouvencelle : elle écorce l'orange qu'elle vient d'acheter, aussi promptement que ses yeux l'ont dévorée. Les sucs abreuvent la main qui vouloit l'offrir à l'amitié; mais ce présent est mangé sur place, et n'arrive point à sa destination. C'est la bouche et non le cœur qui est coupable ; point de reproche à la friande beauté : j'ai vu l'amant faire de même. »

Ensuite Mercier s'indigne du dédain avec lequel on foule au pied l'écorce du fruit délectable, « peau balsamique, qui jadis s'employoit si bien pour former les fonds des simples bergamotes ! » Puis, il admire, tout en s'apitoyant, le pauvre baudet fléchissant sous le double panier chargé de fruits, qui alors servait d'étal à quelques-unes des marchandes :

« L'âne porte-oranges, dit-il, n'insulte pas d'un pied superbe l'écorce de celles qui se mangent autour de lui ; au contraire, il incline souvent la tête pour en aspirer l'odeur : douce consolation de ses fatigues, et de l'oubli de la femme avare, qui, sans lui donner à manger, le tient immobile sous sa charge pesante, toute la longueur d'une frileuse journée. »

Ce commerce, comme aujourd'hui, était surtout en pleine prospérité au moment des étrennes. L'orange était le présent galant et commode, toujours sûr d'un bon accueil, que les petites gens des métiers se faisaient entre eux. Le maître ne donnait pas autre chose à ses apprentis, le professeur à ses écoliers : « Sur le Pont-Neuf, dit Wille en son *Journal*, à la date du 31 décembre 1770, j'achetai, selon mon usage, des oranges pour donner à mes fils et à mes élèves [1]. »

Depuis vingt-six ans déjà, ce bon Jean-Georges Wille, aussi excellent homme qu'habile graveur, habitait non loin de là, entre les rues Pavée et Gît-le-Cœur, au numéro 29 du quai des Augustins [2]. Des fenêtres du second

[1] T. Ier, p. 465.
[2] *Ibid.*, t. II, p. 135.

étage, où se trouvait son logement, il avait une vue admirable. Rien ne lui échappait de ce qui se passait sur le pont Saint-Michel, et il pouvait en même temps être au guet de tout ce qui arrivait sur le Pont-Neuf. L'abbé Le Blanc qui, en avril 1734, écrivait de sa mansarde située en face de l'une des extrémités du pont : « Je puis dire que j'ai pour tout meuble l'une des plus belles vues de Paris, c'est celle du Pont-Neuf et de la rivière [1] ; » était sans doute, pour bien voir, encore mieux placé que Wille, mais celui-ci allait et venait si souvent sur le pont, soit pour ses courses, soit pour ses promenades, qu'il était vraiment aussi bien au fait de ce qui s'y passait que s'il fût resté toutes ses journées à la fenêtre de l'abbé Le Blanc.

C'est à l'époque de la Fête-Dieu, qu'il faisait sur le pont, ou plutôt sur la place Dauphine, ses haltes les plus longues ; et on le comprendra sans peine : notre artiste y venait voir alors une exposition de peinture. Le 1er juin 1769, il écrit dans son *Journal* [2] : « Nous passâmes sur la place Dauphine, voir

[1] Ed. et J. de Goncourt, *Portraits intimes du XVIIIe siècle*, 1re série, p. 64. E. Dentu, 1859.
[2] T. Ier, p. 408.

ce que les jeunes artistes pouvoient avoir exposé à l'examen du public ; mais il y avoit peu de chose à cause du mauvais temps, cette petite Feste-Dieu étant pluvieuse. » Au mois de juin 1773, nouvelle promenade de Wille à la même exposition, nouvelle mention dans son *Journal* [1], mais plus curieuse et plus accidentée : « Le 9, petite Feste-Dieu. Ce jour les jeunes peintres exposent leurs ouvrages dans la place Dauphine. Un critiqueur imprudent exerça sa langue sur les ouvrages d'un peintre qu'il ne soupçonna pas près de lui, et reçut force coups au visage, par l'offensé. Le tumulte fut grand et prompt. La plupart des spectateurs, et j'en fus, ne faisoient qu'en rire. » Enfin, le 29 mai 1788, Wille écrit encore [2] : « La place Dauphine, où je me rendis, étoit bien garnie des ouvrages de nos jeunes artistes. »

Le brave homme ne parlera plus de cette promenade où son goût d'artiste, ami des jeunes talents, et tout impatient d'en voir éclore, devait trouver tant de charmes. La révolution est proche, et bientôt va dispa-

[1] T. 1er, p. 572.
[2] T. II, p. 178.

raître, avec la religion, tout ce qui s'abritait sous son ombre. Or, l'exposition de la place Dauphine, sur laquelle quelques détails sont nécessaires ici, ne devait son existence qu'à la célébration publique de l'une de nos grandes solennités religieuses.

C'est sur la place Dauphine que s'élevait chaque année, à la Fête-Dieu, un des plus magnifiques reposoirs de Paris. Toutes les industries, tous les commerces concouraient à l'embellir : ceux-ci prêtaient ostensoirs d'or et chandeliers d'argent; ceux-là, riches tapis et somptueuses tentures. Les orfévres surtout s'y distinguaient. Ils étaient les plus riches, et, comme c'était une occasion de le faire voir, ils ne la manquaient pas. Quelques-uns poussaient, pour l'ornement des reposoirs, le zèle de dévotion et d'ostentation jusqu'à commander exprès des tableaux aux meilleurs peintres. Non contents de prêter les richesses de leurs boutiques, ils faisaient, argent comptant, les frais des plus belles peintures. C'est ainsi que Claude Vignon, sollicité par un orfévre qui voulait un beau tableau de fond pour son reposoir, fit en vingt-quatre heures le *Martyre de Sainte-Catherine*, une de ses meilleures toiles, dont

Guillet de Saint-Georges a raconté l'histoire[1].

Puisque la peinture était si fort prisée pour la parure des reposoirs, il était naturel que les marchands de tableaux fussent priés de concourir à celui de la place Dauphine. Ils y envoyèrent celles de leurs toiles qui craignaient le moins d'être gâtées, et dont les sujets étaient le moins profanes. De cette façon l'on prit l'habitude de voir sur les tentures, qui faisaient de la place une immense salle tapissée, des tableaux plus édifiants que rares. Les sujets pieux sont le fait des jeunes talents qui s'exercent, et les tableaux que ces sujets inspirent à ces jeunes talents, ont l'avantage de n'être pas trop précieux. Ils convenaient donc plus que tous autres à la religieuse exhibition ; peu à peu ils s'y glissèrent, puis ils furent seuls à y figurer. L'exposition annuelle dont Wille nous parlait se trouva instituée ainsi. Elle ne durait, chaque année, qu'une demi-journée, depuis six heures du matin jusqu'à midi, et c'est dans un seul coin de la place, dans l'angle de droite, que l'on suspendait les tableaux[2].

---

[1] *Mémoires de l'Académie de peinture*, t. Ier, p. 272.
[2] *Le Panthéon littéraire*, 1789, in-12, p. 187.

Lorsqu'on n'était pas de l'Académie de peinture, et qu'on n'avait pas le droit par conséquent d'exposer au Louvre; lorsqu'on n'était pas non plus de l'Académie de Saint-Luc, et que les salles d'exposition de l'hôtel Jaback [1] vous étaient fermées, on se dédommageait en exposant à la place Dauphine, le matin de la Fête-Dieu.

On n'avait qu'un jour, mais ce pouvait être le premier d'une grande renommée. Lancret l'apprit à son profit. Deux tableaux qu'il exposa à la place Dauphine, en 1717, et que les plus fins attribuèrent à Watteau, commencèrent sa réputation [2].

En 1720, un jeune homme d'environ vingt-deux ans, fils de celui qui faisait les billards du roi [3], mit à cette exposition une toile représentant un bas-relief antique. J.-B. Vanloo passa, regarda longtemps le tableau, y trouva de grandes qualités, et l'acheta. Il voulut

---

[1] *Journal* de Wille, t. Ier, p. 577.—*Mémoires secrets*, t. VII, p. 240.— On appelait des *Jaback* les tableaux qui avaient paru à ces expositions. (*Œuvres* de Diderot, 1821, in-8º, t. VI, p. 41.)

[2] Villot, *Notice des tableaux du Louvre*, école française, p. 193.

[3] *Mém. de l'Académie de peinture*, t. II, p. 428.

après connaître le jeune peintre, l'encouragea, lui donna des conseils, dont celui-ci n'avait peut-être pas besoin, lui fit avoir des travaux, ce qui valait mieux, et huit ans après, l'inconnu de la place Dauphine était son confrère à l'Académie de peinture [1]. Maintenant qu'il a un nom, je vais vous le nommer : il s'appelait Jean-Baptiste-Siméon Chardin. Cela me dispense d'en dire sur lui davantage. C'était là du reste un nom heureux sur cette place. Un autre, qui l'avait porté, mais qui n'était pourtant pas de la même famille, avait quitté de bonne heure la boutique de joaillier qu'y tenait son père, et s'était mis à courir les pays lointains : la Perse, l'Inde, etc. Il y fit le commerce de pierreries en fin marchand ; il y observa en homme qui sait voir et se souvenir, et il en rapporta de quoi être riche et devenir célèbre. Ce joaillier voyageur, parti du Pont-Neuf, est Jean Chardin, auteur du *Voyage en Perse*.

Aux expositions de la place Dauphine, comme on l'a pu voir par ce que nous avons

---

[1] Léon Godard, *les Beaux-Arts*, 15 octobre 1860, p. 395.

dit de la toile de Siméon Chardin, l'on n'exigeait pas que le sujet des tableaux ou des dessins fût religieux, mais il ne fallait pas non plus qu'il fût trop profane. Quelquefois pourtant il s'en glissait de ce genre peu édifiant. Ainsi, en 1768, M. Desrais exposa un lavis représentant *les Amours de Jupiter* [1] ; mais un autre dessin du même auteur, *le Martyre de sainte Agnès,* rachetait la mythologie de celui-là ; d'ailleurs, je le repète, c'était l'exception. Le plus souvent, on voyait là surtout des paysages et des portraits ; ceux-ci en tous genres : à l'huile, au pastel, en miniature, même en *cheveux* [2], c'est-à-dire faits à la manière de Lemonnier, notre fameux artiste capillaire. L'actualité pittoresque y était aussi exploitée avec empressement. A l'exposition du 14 juin 1787, on remarquait un tableau représentant l'incendie arrivé au pavillon de Flore des Tuileries, le 7 du même mois : « En sorte que le tableau et tout son détail avait été composé en sept jours [3]. »

[1] *L'Avant-Coureur,* année 1768, p. 365-366.
[2] *Ibid.*
[3] *Etat actuel de Paris,* 1188, in-12. *Événements remarquables,* p. iij.

La jeunesse donne l'impatience de la célébrité, et l'excuse. Les jeunes peintres de la place Dauphine, bien qu'ils eussent le temps d'attendre, avaient donc hâte d'être illustres. La signature, qui manquait le plus souvent sur les tableaux exposés au Salon, n'était jamais absente au bas des œuvres plus impatientes appendues aux tentures du reposoir de la petite Fête-Dieu. Un homme d'esprit du temps en fit doucement reproche aux jeunes exposants, trop prompts à se nommer avant le baptême : « Quant au bonheur de l'incognito, dit-il [1], ils ne le sentent pas assez. Presque tous mettent leur nom au bas de leurs ouvrages. Plusieurs y perdent des avis plus francs, et beaucoup y gagnent des humiliations. »

Un autre critique du même temps [2] nous a décrit l'ardeur de ces impatients apportant et accrochant eux-mêmes leurs œuvres aux tentures : « C'est, dit-il, un tableau bien intéressant que de voir ce jour-là, sur les neuf heures du matin, une foule de jeunes artistes, à peine au sortir de l'enfance [3], s'assem-

---

[1] *Mémorial de l'Europe*, 1787, t. II, p. 365.
[2] *Le Panthéon littéraire*, 1789, in-12, p. 187.
[3] Il y avait à cette exposition de 1789 un tableau

bler dans cette place ; l'un porte lui-même ses ouvrages, l'autre suit avec attention un crocheteur qui porte toute *sa fortune*, et qu'il ne perd pas de vue; tous accrochent leur tableau avec précaution, et les abandonnent ainsi à la critique et au jugement des curieux. Les grands maîtres, les académiciens sont à des croisées au-dessus des tapisseries, et leur présence pique encore l'émulation des jeunes gens. »

Il n'y avait pas que des grands maîtres et de vieux académiciens aux balcons.

Beaucoup de femmes s'exerçaient alors dans le genre du portrait, et, comme il était d'usage que les artistes vinssent assister à leur exposition en compagnie des personnes qu'ils avaient peintes, il arrivait qu'en certaines années les abords du reposoir et tous les balcons de la place Dauphine se trouvaient garnis d'une foule de jolies filles, peintres ou modèles ; celles-ci posant pour leur talent, celles-là pour leur ressemblance.

du jeune Naudet, âgé de treize ans. Boilly, le caricaturiste, qui n'avait alors que vingt et un ans, avait aussi exposé à cette Fête-Dieu. On y voyait de lui : *Une femme qui joue de la guitare*, et un *Ménage de paysans*. (*Le Panthéon littéraire*, 1789, p. 196.)

A l'exposition de la petite Fête-Dieu de 1786, selon les *Mémoires secrets* [1], il n'y avait pas moins d'une demi-douzaine de balcons « chargés de jeunes personnes parées, les unes de leurs charmes naturels, les autres de tous les embellissements de la toilette, et c'étoient toutes les demoiselles dont les ouvrages étoient exposés, et surtout les portraits...... Ce nouveau genre de coquetterie a attiré beaucoup d'amateurs, plus empressés de regarder les originaux que les copies. »

Trois ans auparavant, sous la date du 25 juin 1783, les mêmes *Mémoires* [2] avaient parlé d'une semblable affluence de beautés et de curieux : « Par une singularité rare, disaient-ils, il y avoit des morceaux de neuf élèves, toutes très-jolies et annonçant du talent, ce qui n'a pas peu contribué à attirer la foule. »

Pour bien comprendre cette grande curiosité, il faut dire aussi que cette année-là madame Guyard (plus tard madame Vincent) était au nombre des exposantes et y figurait de sa personne et par ses œuvres. Elle était jolie, on l'avait tout récemment admise, en

[1] T. XXXII, p. 169.
[2] T. XXIII, p. 26.

même temps que madame Lebrun, à l'Académie de peinture, et l'on racontait dans les groupes qu'elle avait dû ses premiers succès à la protection de madame du Barry, qui payait ainsi à la fille les frais de son apprentissage chez la mère, madame La Bille, la marchande de modes [1].

Puisque madame Guyard, après sa réception, exposait encore à la place Dauphine, cette exposition n'était donc pas que pour les jeunes peintres, pour les écoliers de l'art, comme la chose avait lieu à cette même époque de la Fête-Dieu dans les universités d'Allemagne, d'où l'usage nous en était peut-être venu [2].

On voyait aussi à la place Dauphine des tableaux des académiciens de Saint-Luc, qui tenaient leurs séances dans cette même île de la Cité, rue du Haut-Moulin, près de Saint-Denis-de-la-Châtre. C'était une modeste

---

[1] *Mémoires secrets*, t. XXIII, p. 7.

[2] En 1681, les *Vigiliæ Rhetorum*, beau livre d'emblèmes *illustré* des dessins des étudiants de Saltzbourg, avaient figuré à l'exposition de la Fête-Dieu. L'épître dédicatoire de l'éditeur J.-B. Mayr au recteur Wimbperger donne des détails sur ces expositions universitaires.

société d'artistes peintres, sculpteurs, graveurs, enlumineurs, qui enviaient de loin la grande Académie, et dont chaque membre attendait plus ou moins patiemment que les expositions de la Fête-Dieu, ou celles de l'hôtel Jaback l'eussent fait assez célèbre pour qu'il eût droit aux honneurs du Salon.

La Révolution, qui admit l'égalité devant l'art comme devant la loi, rendit le Louvre accessible à tous les artistes français ou étrangers, membres ou non de l'Académie de peinture. L'exposition de la place Dauphine, qui n'aurait pu d'ailleurs survivre à l'interdiction dont fut frappée la Fête-Dieu [1], fut ainsi naturellement supprimée. Plus tard, une exhibition de même genre parut nécessaire pour les jeunes peintres qui étaient exclus du Louvre, non plus par le privilége, mais par le défaut du talent. On revint donc à l'idée d'une *Exposition de la Jeunesse*. Elle se tint alors chez le mari de madame Lebrun, à l'hôtel Cléry, rue du Gros-Chenet [2].

---

[1] Décret du 27 août 1791.

[2] Gault de Saint-Germain, *les Trois Siècles de la peinture en France*.

Mais revenons un instant aux jeunes exposants de la place Dauphine.

Le Pont-Neuf voyait un seul jour leur gloire, et tout le reste de l'année leur misère. Ce n'est guère, en effet, que là et dans les environs, ou bien encore sur le pont Notre-Dame, « cette triste manufacture de copies, » comme dit M. de Caylus dans sa *Vie de Watteau*[1], qu'ils trouvaient à brocanter de leurs tableaux : petits portraits ou sujets de dévotion, soit avec les entremetteurs des marchands de province, soit avec ces *regrattiers* de l'art, qui avaient pour repaire et pour salle de vente le cabaret du *Franc-Pineau*, rue de la Vannerie[2] ; soit encore avec ces brocanteurs types, qui s'appelaient, en leur argot, les *compagnons de la Graffagnade*[3], et

---

[1] Ed. et J. de Goncourt, *Portraits intimes du* XVIIIe *siècle*, 1re série, p. 211-212. — Pujoulx, *Paris au* XVIIIe *siècle*, p. 111.

[2] V. dans le *Dictionnaire ou Traité de la police générale*, par de Fréminville, 1775, in-8o, p. 12, une sentence de police rendue le 23 novembre 1742, contre les assemblées de ces brocanteurs « qu'ils appeloient communément *la Curiosité.* »

[3] Un de ces brocanteurs, nommé Raguenet, fut mis en scène à la foire Saint-Laurent par Fuzelier et d'Orneval, en 1728, dans l'opéra-comique : *L'Antre*

qui, n'achetant que des croûtes, savaient pourtant toujours revendre des chefs-d'œuvre. Ce qu'ils donnaient à grand'peine pour cent livres, ils l'avaient payé un écu. C'était un prix fait ; aussi les peintres, bien plus encore que de notre temps, mouraient-ils véritablement de faim.

Nivard, l'un d'entre eux, sortant un jour désespéré de chez un de ces marchands, s'élance sur le pont et enjambe le parapet. Une main le retient ; c'est celle d'un confrère en misère et en talent, qui était venu là pour voir lever le soleil, et qui attendait le soir pour le voir se coucher ; c'est la main de ce pauvre Lantara.

Il emmena Nivard dans sa mansarde de la rue du Chantre, et se mit à lui enseigner la philosophie qui aide à soutenir la vie, en lui apprenant l'art qui ne la fait pas gagner[1].

de l'Averne. Raguenet, qui était à la fois brocanteur et acteur forain, dut s'y jouer lui-même.

[1] Horsin Déon, *Revue des Beaux-Arts,* 15 octobre 1853, *Notice sur Lantara.*—La première rencontre de Lantara avec Nivard, peu de temps après son arrivée de Nancy, sa ville natale, est racontée un peu différemment dans la curieuse *Notice sur Lantara* signée B... et reproduite dans *le Causeur* de Dusaulchoy, 1817, in-12, t. II, p. 182-185.

www.ingramcontent.com/pod-product-compliance
Lightning Source LLC
Chambersburg PA
CBHW071513160426
43196CB00010B/1503